世界の朝ごはん、昼ごはん、夜ごはん

JN116679

旅立ちの前に

食事の時間、１日の食事回数、その守り方。世界の人々が続ける習慣は、面白いほど
に多様です。同じ国でも世代や場所、社会経済の状況で異なってきます。イギリスで
は大昔、朝ごはんが存在しなかった時代がありました。それはローマ時代、人々は１
日２食。その１回目の食事は、午前11時頃に食べられていたそうです。この習慣を
変えたのが、中世の修道院での生活。農業や寄進により修道院の収入が増え、それに
より労働力を確保したいと食事の回数を増やす必要が生じたのです。

「朝食（Breakfast）」という言葉が英語に現れたのもこの頃。文字どおり「夜の断
食（Fast）を断ち切る（Break）」という意味だったと考えられています。18世紀に
は夜ごはんは午後３時頃になり、そして現代では午後６時〜８時に食べるのが一般的
にと、食事の時間だけでも大きな変化が見られます。またイギリスにおいて「ディナ
ー（Dinner）」は時間に縛られない概念で、１日の中で最も充実した食事を示す言
葉として使われます。日曜日の正午にローストビーフを食べ、夜は軽くパンとスープ
を楽しんだとしたら、昼の食事が「ディナー」と称されます。このようにひとつの国
だけをとっても、時代とともに、食事の時間やあり方は異なるということです。

この本は、日本に住む外国人の方々からアンケートを取ることから始まりました。そ
れぞれの方の故郷での１日の食事風景や人気の料理などを細かく書いてもらい、そ
のページ数は1000ページ以上にもなりました。そのアンケートをもとに取材を重ね、
本の発行までに１年を費やしました。アンケートや取材を行った私たちにも、新しい
発見や驚きがたくさんあり、その中からほんの一部をまとめたのが今回の料理本です。
遠くない未来、料理はすべてオートメーション化され、時間になると自動的に食事が
出てくることが当然になり、やがてはひとりひとりが手作りをやめてしまう時代が来
るのではないだろうか。私はいつも、そんな不安を持っています。そんな時代が来て
しまう前に、今の食事の記録を書き残したいと思ったのです。

さて、本を制作する上で一番困難だったのは、１人分の量をどう量るか、その換算で
した。日本の「一汁三菜」の１品は、世界の食卓と比べると、ささやかな量といえる
かもしれません。もっとボリュームのある食事を楽しむ国が多く存在します。一方で、

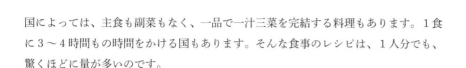

国によっては、主食も副菜もなく、一品で一汁三菜を完結する料理もあります。1食に3〜4時間もの時間をかける国もあります。そんな食事のレシピは、1人分でも、驚くほどに量が多いのです。

例えば、70ページのウズベキスタンの「ゴルピシ・シュルヴァ」。一度の食事に並ぶのは一品だけで、しかもときとして、会話を楽しみながらこの料理を何時間もかけて味わいます。だからその量は、私たちが考える以上にとても多いのです。これをこの本のレシピでは、どうするか。日本人向けの、適量に変えるべきか、変えなくていいか……、なかなか決心がつきませんでした。悩んだ結果、現地の人が食べている量をできるだけ、そのまま伝えることにしました。それぞれの国の文化を、ありのまま伝えることは大事だと決めたのです。その多様性をそのまま示すほうが、より一層、それぞれの食文化が鮮やかな色彩を放つと思ったのです。そして、この本には彼らの生活の一端も映し出されます。99ページのバングラデシュの「パンタ・ヴァト」という料理もそのひとつ。前日の残ったごはんを冷水に浸し、翌朝に塩をふりかけてシンプルなひと皿として食べるもの。特別な日には、揚げた魚、ヒルサ・フィッシュ（バングラデシュの国魚）が添えられることもあります。この料理は、次の日の食事をどう保つべきかという問いを背負った貧しい人々にとっても、前日のごはんを水に浸すことで捨てずに済む、飢えをしのぐ手段となっているのです。

この本には、世界各地の人々の食生活の知恵や魂が、かけがえのない一部として織り込まれていると思っています。料理を創造し、それを口元へ運ぶ。その一連の行為は、ある人にとっては懐かしい思い出の扉を優しく叩くかもしれない。またある人にとっては現地の人々の暮らしを思い描く楽しいひとときを与えるかもしれない。

料理を作って食べること。これ自体が「時代への旅」なのです。

ぜひ、お手に取って読んでいただき、実際にも料理を作っていただき、食の世界旅行へと繰り出していただけたら幸いです。

ニキズキッチン　棚瀬尚子

Contents

料理を作る前に
●小さじ1は5mℓ、大さじ1は15mℓ
です。
●ごく少量の調味料の分量は「少々」
または「ひとつまみ」としています。
「少々」は親指と人さし指でつまん
だ分量、「ひとつまみ」は親指と人
さし指と中指でつまんだ分量になり
ます。
●「適量」はちょうどよい分量、「適
宜」は好みで入れなくてもよいとい
うことです。
●野菜類は特に指定のない場合は、洗
う、むくなどの作業を済ませてから
の手順を説明しています。
●材料覧にある油は植物油、黒胡椒は
粗挽きのものを使っています。スト
ック（だし）は好みの市販品を使っ
てください。

UK

Delicious

おいしい：デリシャス

イギリスの食事は日本と同じ1日3食ですが、日本と違うのは「夜ごはんのあとにパブに行くこと」だとアイヴァンさん。

「日本人は居酒屋で食べながら飲みますが、イギリス人は家で夜ごはんを食べてからパブにビールを飲みに行きます。パブは地域の社交場でもあるので、特に郊外のパブには家族で楽しめるように子どものプレイルームがあったり、ビンゴ大会などのイベントがあったりもします」

日本でもポピュラーになったパブですが、それとは使い方も雰囲気もちょっと違うそうです。イメージが違うといえば、ティータイムも日本人が想像する「アフタヌーンティー」とは異なり、もっとカジュアルにお茶を楽しむ時間。

「午前11時頃と午後3時頃がお茶の時間です。イギリスではTeaといえば、問答無用でミルクティー。大きなマグカップにティーバッグで濃い紅茶を淹れて、たっぷり牛乳を加えます。スコーンやビスケットをおともにすることも多いです」

ティータイムは仕事場で取りますが、昼ごはんは外食がほとんどだそう。街の食堂やパブでフィッシュ＆チップスやベイクドポテト、サンドイッチなどを食べるのが定番です。

「パブで昼ごはんを食べながらビールを飲むのも普通です。あと"ブレックファスト"という名前を持ちながら1日中いつでも食べられるメニューが、イングリッシュ・フル・ブレックファスト。トーストにソーセージやベーコン、豆をトマトで煮たベイクドビーンズに目玉焼き、グリル野菜などを盛り合わせたもので、ボリュームたっぷり。私は日曜日にブランチとして食べるのが好きですね」

また、昼ごはんの定番のフィッシュ＆チップスはテイクアウトフードとしてもポピュラーですが、中華やケバブ、ピザなども人気のテイクアウトメニュー。それらを買って帰り、夜ごはんにすることも少なくありません。インド料理もイギリスの定番の夜ごはんのひとつ。そんなふうにイギリスの食事がインターナショナルなのは、古くからさまざまな国と関わりを持ち、その食文化を柔軟に取り入れてきたから。近年は伝統のイギリス料理もモダンに進化しているといいます。

「私もシェフとして、フレンチやイタリアンの経験からヒントをもらって、イギリス料理をもっとおいしく食べてもらえるように工夫しています。ぜひ、ひと工夫凝らした私のレシピで、イギリス伝統料理を味わってみてほしいです」

アイヴァンさん
Ivan

イギリス中部の街、コベントリー出身。緑の丘や森が広がるのどかな地域で、子どもの頃にはブラックベリーやプラム、ラズベリーにりんごなどの果物は森で採っていたそう。調理師免許を取得後、ホテルのレストランなどでキャリアを重ねる。日本のオーストラリア大使公邸のシェフとして20年以上働きながら千葉県に暮らし、ニキズキッチンのイギリス料理のレッスンのほか、日曜大工など「手を動かして作る」ことを楽しんでいる。

左／アイヴァンさんの地元のパブ。休日の午後にはビール片手におしゃべりしながらくつろぐ。右／アイヴァンさん作のイングリッシュ・フル・ブレックファスト。イギリスの定番メニュー。

Crumpet
クランペット

イギリスの伝統的な朝ごはん、クランペット。
発酵させた生地をフライパンで焼くので、
表面にプツプツと気泡の穴があいているのが特徴。
この穴にバターを染み込ませて食べるのが美味。
焼くときは底が厚く平らなフライパンがおすすめ。
「ホットプレートで焼くのが一番うまくいく」とアイヴァンさん。
ひと晩休ませて、翌朝食べるときに軽くトースト。冷凍保存もできる。

材料（直径90×高さ30mmのセルクル・8〜10個分）
強力粉 … 200g
ドライイースト … 10g
ベーキングソーダ … 3g
塩 … 5g
グラニュー糖 … 10g
牛乳 … 200mℓ
水 … 200mℓ
バター（有塩）… 適量
好みのジャム … 適量

1 鍋に牛乳と水を入れ、弱火で温める。40℃になったら火を止めて2〜3分置く。

2 ボウルに強力粉、ドライイースト、ベーキングソーダ、塩、グラニュー糖を入れて泡立て器で全体を混ぜる。

3 2に1を少しずつ加えながら、泡立て器で丁寧に混ぜる⒜。

4 ダマがなくなってなめらかになったら、ラップを被せて生地が2倍に膨らむまで30分〜1時間暖かい場所に置く⒝。

5 セルクルの内側にバターを薄く塗る。

6 フライパンを弱火にかけ、バターをたっぷり溶かす。

7 フライパンにセルクルを並べ、生地をセルクルの2/3の高さまで流し込む。

8 ごく弱火で10分ほど焼く。表面に穴があいて乾いたら⒞、フライパンから取り出し、セルクルを外す。

9 冷めたらラップを被せて冷蔵庫に入れ、1日置く。食べる際にオーブントースターで焼く。軽く焼き目がついたら、皿に盛ってバターとジャムを添える。

Fish & Chips
フィッシュ & チップス

材料（4人分）
白身魚の切り身（鱈など）… 4切れ
じゃがいも … 500g
塩、黒胡椒、油、モルトビネガー … 各適量
マッシーピーズ、レモンのくし切り、パセリ… 各適量
バッター液
　薄力粉 … 200g
　パプリカパウダー … 小さじ2
　ガーリックパウダー … 小さじ2
　溶き卵 … 1個分
　ビール … 350mℓ
タルタルソース
　マヨネーズ … 125g
　サワークリーム … 50g
　赤玉ねぎのみじん切り … 1/4個分
　きゅうりのピクルス（ディル入り）のみじん切り … 小2本分
　きゅうりのピクルス（ディル入り）液 … 50mℓ
　パセリのみじん切り … 大さじ3
　ケッパーのみじん切り … 小さじ1/2〜1
　レモンの皮のみじん切り … 1/4個分
　レモン汁 … 1/4個分

1　じゃがいもは皮をむいて1.5cm角の棒状に切る。水で洗い、ザ
　ルに上げる。レンジで加熱するか、軽く茹でて半生程度に火を
　通す。水気をペーパータオルなどでしっかりふき取り、180〜
　185℃の油で黄金色になるまで揚げる。油をきったらボウルな
　どに入れ、熱いうちに塩とモルトビネガーをふり、全体をざっ
　と混ぜる。

2　バッター液を作る。ボウルに薄力粉、パプリカパウダー、ガー
　リックパウダーを入れて混ぜたら、溶き卵とビールを加えてさ
　っと混ぜる。

3　白身魚の表面の水気をペーパータオルなどでふき取る。両面に
　塩と黒胡椒各少々をふって2にくぐらせる@。180〜185℃の
　油で表面が黄金色にカリッとするまで揚げる。

4　タルタルソースを作る。別のボウルにマヨネーズ、サワークリ
　ーム、きゅうりのピクルス液、レモン汁を入れ、サワークリー
　ムが溶けるまでよく混ぜる。残りの材料も加えて混ぜ⑥、塩、
　黒胡椒各適量（分量外）で味を調える。

5　1と3を皿に盛り、タルタルソース、マッシーピーズ、レモン、
　パセリを添える。

昼ごはん

イギリスではじゃがいものフライを"チップス"という。
フレンチフライと違って太いのがイギリス流チップス。
このチップスと鱈などの白身魚のフライがセットで
フィッシュ＆チップス。専門店で買ってきたり、
パブで食べたりする人が多い。
モルトビネガーをたっぷりかけるもよし、
タルタルソースを添えるもよし。
ランチにはもちろん、夜ごはんにも人気のメニュー。

イギリス料理のかたわらには「マッシーピーズ」

フィッシュ＆チップスやミートパイなどイギリス料理
の付け合わせに欠かせないのがマッシーピーズ。青え
んどう豆を茹でてマッシュし、塩、黒胡椒などで味を
調えたものが定番だが、グリーンピースを使っていた
り、クリーミーに仕上げていたり、店ごとにオリジナ
ルな味もある。

アイヴァンさんが祖母に教えてもらったという
「懐かしい我が家のおやつ」。さっくり焼き上がったビスケットを、
ミルクティーに浸しながら食べるのがイギリス流。
このレシピのようなカップ計量はイギリスではスタンダードで、
厳密に計量せず、アバウトで大丈夫ということ。

Crunchy Oatmeal Biscuit
クランキー・オートミール・ビスケット

材料（約15枚分）
薄力粉 … 200mℓ
オートミール … 300mℓ
塩 … ひとつまみ
ブラウンシュガー（またはきび砂糖）… 150mℓ
バター（有塩）… 100mℓ
ゴールデンシロップ
　（またはメープルシロップ、はちみつ）… 大さじ1
水 … 20mℓ
ベーキングソーダ … 小さじ1/2

1　オーブンを180℃に予熱する。

2　大きなボウルに薄力粉、オートミール、塩、ブラウンシュガーを入れて軽く混ぜる。

3　鍋にバター、ゴールデンシロップ、水を入れて強火にかける。鍋をゆらして焦げつかないようにしながら溶かす。

4　バターが完全に溶けたら火を止め、ベーキングソーダを加える。シュワーッと膨らむので、そのまま一気に 2 のボウルに加え、スプーンで全体を混ぜるⓒ。

5　粉っぽさがなくなったら、手を水で濡らしながら、生地が熱いうちに500円玉程度の大きさに丸めるⓓ。

6　オーブンシートを敷いた天板に 5 を並べ、手で4〜5mmの厚さに押しのばす。焼き上がると倍程度の大きさになるので、十分間隔をあけて天板に並べる。

7　温めたオーブンで10〜15分、しっかり焼き色がつくまで焼く。焼き立てのやわらかいうちに軽く上から押して平たくするⓔ。

8　1時間ほど経って冷めるとかたくなる。保存する場合は乾燥剤を入れた瓶に密閉すること。湿気ってしまったら、オーブントースターで軽く焼く。焼き上がってすぐはやわらかいが、冷めるとまたかたくなる。

パイといってもパイ生地を使うのではなく、
ミートソースの上にマッシュポテトを広げて焼いたイギリスの伝統料理。
牛肉を使うとコテージパイ、羊肉を使うとシェパーズパイ。
具が違うと名前が変わるが、どちらも家庭やパブで定番のメニューだ。
アイヴァンさんの家で代々受け継がれてきたレシピに、
赤ワインや旨み調味料のガストリックを加え、深みをプラスした。

Shepherd's Pie
シェパーズ・パイ

材料（2人分）

羊挽き肉 … 250g
にんにくのみじん切り … 1/2片分
玉ねぎのみじん切り … 1個分
にんじんのみじん切り … 1本分
セロリのみじん切り … 1本分
薄力粉 … 大さじ1
パプリカパウダー … 小さじ1/2
トマトペースト … 大さじ1
ガストリック … 大さじ1
赤ワイン … 50㎖
コンソメスープ … 100㎖
タイム（乾燥）… 小さじ1/2
ローズマリー（乾燥）… 小さじ1/2
パセリ（乾燥）… 小さじ1/2
塩 … 適量
黒胡椒 … 適量
油 … 小さじ1
マッシュポテト
　じゃがいも … 500g
　バター（有塩）… 大さじ1
　牛乳 … 100㎖
　ナツメグパウダー … ひとつまみ
　塩 … 適量

1　大きな鍋に油を入れて中火で熱し、挽き肉とにんにくを炒める。肉の色が変わったら、玉ねぎ、にんじん、セロリを加え、野菜類がやわらかく、あめ色になるまで炒める。

2　1に薄力粉を加えてよく炒め、パプリカパウダーとトマトペーストを加えてさらによく炒める。

3　ガストリックと赤ワインを加え、2分ほど煮る。コンソメスープ、タイム、ローズマリー、パセリを加えて5分ほど煮る@。

4　塩と黒胡椒で味を調えてグラタン皿に入れ、表面を平らにならして、粗熱を取る。

5　マッシュポテトを作る。鍋に皮をむいてひと口大に切ったじゃがいもを入れ、被る程度の水（分量外）と塩を加えてやわらかくなるまで茹でる。

6　ボウルに湯をきったじゃがいもを入れ、バター、牛乳、ナツメグパウダーを加え、なめらかになるまでマッシャーで潰す⒝。

7　6を4の上に広げ⒞、表面にヘラやフォークで模様をつける⒟。180℃に予熱したオーブンで表面に焼き色がつくまで15〜20分焼く。

**魔法の隠し味
「ガストリック」の作り方**

料理にコクと旨味を出すガストリック。作り方は以下のとおり。小鍋に水大さじ2と砂糖60gを入れ、軽く混ぜて強めの中火にかける。混ぜながら、カラメル色になったら酢100㎖を一気に加えてかき混ぜる。煙が立つが、1〜2分かき混ぜ続け、黒く煮詰まったら完成。

UK

（11）

Italy

Buono
おいしい：ブォーノ

素敵なインテリアのキッチンで野菜たっぷりのイタリア料理を作ってくれたフローレンスさん。カナダ・トロントで生まれ育ったとはいえ、イタリア出身のご両親のもと、慣れ親しんできたのは、やはりイタリア料理。

「トロントの実家は自然に囲まれ、庭では季節ごとにたくさんの野菜を育てていました。だから母の料理は野菜をたくさん使ったものが多いです。今日紹介するラザニアもそのひとつ。トマトソースとホワイトソースを使うことが多い料理ですが、私の家はトマトソースと茹で卵、野菜がたくさん入った挽き肉で作ります。重そうな料理でも、野菜がたっぷり入っているので思った以上に軽く、食感も楽しめる、我が家自慢の味です」とフローレンスさん。

多くの国でもそうですが、朝ごはんは軽めが基本。イタリアもコーヒーやブリオッシュのような甘いパンで済ませることが多いそうです。昼ごはんは昔なら家に帰って食べる人がほとんどでしたが、今はそういうことも少なくなったそう。日本と同じように女性はサラダやパニーノ（イタリアのホットサンドイッチ）のランチボックスを作って持っていき、男性はレストランで簡単なパスタを食べるのだそう。日本だとそばをよく食べるサラリーマンに似たイメージでしょうか。

「その代わり、日曜日の昼ごはんはイタリアでは家族にとって大切な時間です。みんなで揃ってラザニアのような少し手間のかかる料理とデザートを作ります。幼い頃は母と一緒にパスタもよく作りました。日本もそうだと思いますが、我が家だけの味ってありますよね。それがいつも恋しくなります」

確かに思い出の母の味って、世界中の人がそれぞれ持っているはず。そんな特別の料理を知ることができるのはなによりワクワクしてきます。

フローレンスさん
Florence

イタリア南西部・カラブリア州出身のご両親のもと、カナダ・トロントで生まれ育ったフローレンスさん。山と川に囲まれた大自然の中、山に登ったり、カヌーに乗ったりして過ごしてきた。以前から興味のあった日本にワーキングホリデーで訪れる。九州で英語教師として働き、日本人の男性と出会って結婚。その後、東京に移り住み、中学校の英語教師、またニキズキッチンでの料理講師をする。好きな日本食は茶碗蒸し。イタリア料理だけでなく、筑前煮や肉じゃがも得意料理のひとつ。

左・右／フローレンスさんのお母さんが育てている庭の野菜たち。トマトはもちろん、スイートバジルなどのハーブもたっぷり。

左／夏に収穫したトマトで自家製トマトソース。食べきれないトマトは保存して大事に使う。右／お母さんの手作り料理、なすのトマトパスタ。

"ポルペッティーニ"とはイタリアの肉団子という意味。
チーズとイタリアンパセリを入れて小さく丸めた肉団子は爽やかで濃厚な味わい。
手間がかかる肉団子は多めに作り、冷凍しておくと便利。
パンを添えれば、お腹も満たされる昼ごはんになる。

Brodo con Polpettine
ブロード・コン・ポルペッティーニ（肉団子のブイヨンスープ）

材料 （2人分）
ポルペッティーニ
鶏挽き肉 … 80g
イタリアンパセリのみじん切り … 3枝分
パルミジャーノ・レッジャーノの
　すりおろし … 大さじ1
リコッタチーズ … 30g
パン粉（細挽き）… 大さじ2
塩 … 小さじ1/2
黒胡椒 … 小さじ1/4
スープストック … 1ℓ
卵 … 1個

1　ポルペッティーニを作る。ボウルにすべての材料を入れてよく
　　混ぜるⓐ。

2　1をティースプーン1杯分ずつ手に取って丸めるⓑ。

3　鍋にスープストックを入れて火にかける。沸騰したら、2を静
　　かにひとつずつ落とし入れ、5分ほど煮る。

4　別のボウルに卵を割り入れて溶きほぐす。ポルペッティーニに
　　火が通り、浮き上がってきたら溶き卵をゆっくりと回し入れ、
　　卵が細いリボン状になるように泡立て器で混ぜ続けるⓒ。器
　　によそい、イタリアンパセリの葉適量（分量外）を散らす。

Italy

（ 13 ）

少し手間のかかるラザニアは家族や親戚が集まる週末のランチに。
フローレンス家ではたっぷりの野菜と茹で卵を入れる。
「グリーンピースの食感が大好き！」とフローレンスさん。
トマトソースやチーズものせるので、具材は塩加減を控えめにするのがポイント。
"デッラ・カーサ"とは私の家のという意味。

Lasagna Della Casa
ラザニア・デッラ・カーサ（フローレンス家のラザニア）

材 料 （27×34cmの耐熱皿・1個分）
ラザニア … 20枚
具材
| 合い挽き肉 … 500g
| 玉ねぎのみじん切り … 1個分
| にんじんの5mm角切り … 1/2本分
| グリーンピース（冷凍）… 100g
| ほうれん草のざく切り … 400mℓ
| オリーブオイル … 大さじ1
トマトソース
| 玉ねぎのみじん切り … 1/2個分
| にんにくのみじん切り … 2片分
| オレガノ（乾燥）… 小さじ2
| トマトペースト … 大さじ1
| 赤ワイン（キャンティーのような
| 軽めのものがおすすめ）… 80mℓ
| トマト缶（ダイス）… 1缶（400g）
| パッサータ（またはトマトピューレ）… 300mℓ
| 水 … 500mℓ
| 塩 … 小さじ2
| 黒胡椒 … 小さじ1
| オリーブオイル … 大さじ1
茹で卵 … 3個（殻をむいて1cm厚さの輪切りにする）
モッツァレラチーズ … 150g（細かく手でちぎる）
スイートバジル … ひとつかみ
パルミジャーノ・レッジャーノのすりおろし … 50g

1 ラザニアはパッケージの表示通りに茹でる。湯をきり、ペーパータオルに重ならないように広げて冷ます。

2 トマトソースを作る。鍋にオリーブオイルを入れて中火で熱し、玉ねぎを透き通るまで炒める。にんにくとオレガノを加えてさらに1分炒める。

3 トマトペーストを加え、弱火にして色が濃くなり、油が浮いてくるまで2分ほど炒める。赤ワインを注ぎ、1分ほど加熱してアルコール分を飛ばす。

4 トマト缶、パッサータ、分量の水、塩、黒胡椒を加える。沸騰したら蓋をして弱火で、ときどきかき混ぜながら30〜40分煮る⒜。

5 具材を作る。大きな鍋にオリーブオイルを入れて中火で熱し、玉ねぎとにんじんを炒める。玉ねぎが透き通ってきて、にんじんがやわらかくなったら挽き肉を加え、火を通し過ぎないように注意しながらポロポロになるまで炒める。

6 グリーンピースとほうれん草を加え、ほうれん草がしんなりするまで炒める。味を見て、塩、黒胡椒、オレガノ各適量（すべて分量外）で味を調える⒝。

7 耐熱皿の底にラザニアがくっつかないようにトマトソースをお玉1杯分入れて全体に広げる。ラザニアを均等に敷き詰め、トマトソースを少し多めにお玉ですくって広げる。その上に具材1/3量を薄く広げる。茹で卵、モッツァレラチーズ、スイートバジル、パルミジャーノ・レッジャーノをそれぞれ散らし、トマトソースをかける⒞。

8 2層目以降のラザニアは向きを交互に変え⒟、7と同様に重ねる。ラザニアの向きを変えることで、崩れにくくなる。

9 4層目のラザニアを重ねたら、トマトソースを側面が隠れるようにたっぷりかける。その上にモッツァレラチーズとバジルの葉をのせ、パルミジャーノ・レッジャーノをふる⒠。

10 ホイルを被せ、220℃に予熱したオーブンで25分ほど焼く。20分ほどしたらホイルを外し、焼き色をつける。焼き立ては切りにくいので、少し置いてから切り分けるとよい。切り分けたら皿に盛り、スイートバジル（分量外）を添える。

イタリアは喉越しのよいクリームを使ったお菓子が好まれるそう。
家族が集まる日は手作りして、食後のコーヒーとともにおしゃべりしながらのんびり過ごす。
ムース・デ・ヌテラはシンプルな材料で、混ぜて冷やすだけの簡単デザート。
濃厚なチョコレート風味と軽い喉越しがどんな季節にも合う。

Mousse di Nutella
ムース・デ・ヌテラ（チョコレート風味のムース）

材料（2人分）
ヘーゼルナッツココアペースト（ヌテラ®など）… 100g
マスカルポーネ … 20g
生クリーム … 100㎖
いちご（またはラズベリー）… 適量
クレマ・ディ・バルサミコ
⎸ バルサミコ酢 … 100㎖
⎸ はちみつ … 小さじ2

1 ボウルにヘーゼルナッツココアペーストとマスカルポーネを入れ、完全になめらかになるまで泡立て器で混ぜる。

2 別のボウルに生クリームを入れ、しっかりとした角ができるまで泡立てる。

3 2に1を加え、全体が馴染むまでボウルの底からヘラで混ぜたら、ラップを被せて冷蔵庫で冷やす。

4 クレマ・ディ・バルサミコを作る。鍋にバルサミコ酢とはちみつを入れて弱火にかける。泡立て器で混ぜながら濃度が出るまで20分ほど煮詰め、火を止めて冷ます。冷めると、とろみが出てくる。

5 3をグラスに入れ、クレマ・ディ・バルサミコをかけ、いちごを添える。

夜ごはんは午後8時頃から家族で食べるのが日常。
料理はシンプルで軽いスープなどが多く、
ゆっくりおしゃべりをしながら1時間ほどかけて食べる。
野菜と一緒に煮込んだ豆のスープは、満腹感もあり、
人気のスープのひとつで、主役はカボロ・ネロ（イタリアの黒キャベツ）。
ほかの野菜を使ってもよいが、煮崩れしにくいものがおすすめとのこと。
じゃがいもと豆でとろみをつけるのもこのスープのポイントだそう。

Minestra di Cavolo Nero
ミネストラ・ディ・カボロ・ネロ（カボロ・ネロの具だくさんスープ）

材料（4人分）
白いんげん豆（水煮）… 1缶（400g）
カボロ・ネロ（またはケール、ちりめんキャベツなど）
　… 8〜10枚
じゃがいも … 2個
にんじん … 1/3本
にんにく … 2片
赤唐辛子 … 1本
ローリエ … 1枚
ベジタブルストック … 500ml
オリーブオイル … 大さじ2
塩 … 適量
黒胡椒 … 適量
チーズバゲット
　バゲット（薄切り）… 4枚
　パルミジャーノ・レッジャーノのすりおろし … 大さじ2
　オリーブオイル … 適量
エクストラバージンオリーブオイル … 適量

1 カボロ・ネロは洗って5cm角に切る（ⓐ）。じゃがいもは皮をむいて8等分に切り、水にさらす。にんじんは皮をむいて2cm角に切る。にんにくは薄切りにする。

2 鍋にオリーブオイルを入れて中火で熱し、にんにく、半分に折った赤唐辛子、ローリエを炒める。

3 香りが立ったら水気をきった白いんげん豆、じゃがいも、にんじんを加える。油が回るようにかき混ぜ、1分ほど炒める（ⓑ）。

4 カボロ・ネロとベジタブルストックを加える（ⓒ）。沸騰したら、蓋をして弱火で30分ほど煮る。煮汁が少なくなり、じゃがいもがやわらかくなって煮崩れてきたら、塩と黒胡椒で味を調える。

5 チーズバゲットを作る。バゲットの両面にオリーブオイルをたっぷり塗り、パルミジャーノ・レッジャーノをのせる。オーブントースターで少し焦げ目がつき、カリッとするまで焼く。

6 4を器によそい、エクストラバージンオリーブオイルを回しかけ、チーズバゲットを添える。

Italy

(17)

France

C'est Bon

おいしい：セボン

2010年、ユネスコの食の分野で初の「無形文化遺産」に登録されたほどの美食の国・フランスですが、最近は若者を中心に健康志向の人々が増えているそう。「昼ごはんではワインやビールがつきものでしたが、最近はその傾向も少なくなりました。バターの代わりにオリーブオイルを使ったり、昼ごはんのときにランニングする若者がいたり。私もバターは使いますが、量は少なく、ヘルシーなフランス料理を作っています。そのほうが身体にもよいし、日本の方の口にも合うと思います」とイザベラさん。

そんな現代のフランスの普段の食事はシンプル。朝ごはんは軽めのものがほとんどでパンとジャム、ヨーグルトやフルーツなどで済ませる人が多いといいます。朝ごはんをスキップして午前10時頃にコーヒーやホットチョコレートを飲んだり、軽食を食べる人たちも多い。昼ごはんも実は簡単なものがほとんど。昔のように、レストランで前菜、メイン、デザートを頼むようなことはまれで、近所のデリカテッセン（惣菜屋）でジャンボンブール（バゲットにバターを塗ってハムを挟んだもの）を買ったり、レストランではキッシュやクロック・ムッシュ、オムレツなどの軽食が人気。

女性のほとんどが働いているフランス、平日の朝と昼はあまり料理をしないのが一般的。夜ごはんは少し遅くて午後8時頃。子どもがいる家庭では、午後7時頃に子どもたちに食べさせ、子どもが寝たあとに夫婦で遅い夜ごはんを楽しみます。日本ではテレビを観ながら食事する家庭も多いですが、フランスではメインディッシュ、バゲット、チーズ、季節のフルーツなどを食べながら、その日のでき事を話して、ゆっくり食事を楽しむのが日常。

「平日の食事は基本、質素ですが、週末の昼ごはんは家族とテーブルを囲むことが一般的で、ときには友人や家族を招くこともあります。おやつはあまり身体によいとは思っていないので、間食する習慣がないですね。本当にお腹が空いたときにブーランジェリー（パン屋さん）で何か買ったり、フルーツやヨーグルトを食べる程度。ただ子どもたちは別で放課後、パンにヌテラ®（ヘーゼルナッツココアペースト）やジャムを塗って食べたりします」

美食の国でもあるのに、スレンダーな方が多いのも納得です。

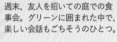

週末、友人を招いての庭での食事会。グリーンに囲まれた中で、楽しい会話もごちそうのひとつ。

イザベラさん
Isabelle

フランス北西部のブルターニュ地方で生まれ育ったイザベラさん。今まで世界各国に住み、日本に住んで約3年。この本が出版される頃には、イギリスで新たな生活をスタートしている。料理上手なこともあり、友人の推薦でニキズキッチンの講師に。料理を教えることで、日本の文化や日本語を学べるのがとても魅力だったそう。時間があるときは趣味の自転車で東京を回ることを楽しんでいた。

家族が集ったときの料理の一部。スモークサーモン（上）はデリカテッセンから買ったもので、フォアグラのムース（下）は料理上手なイザベラさんのお母さんの手作り。

マルシェ（市場）の写真。「スーパーマーケットで買うのは便利だけれど、地元で採れた野菜は新鮮で安い上においしさが違います。やっぱり、マルシェで買うことが多いです」とイザベラさん。

朝ごはんはいたって簡単なもの。例えばバゲットにジャムとバター。出かける準備で忙しい朝は、家族で食卓を囲む習慣はフランスではあまりないよう。

フランスの昼の定番、クロック・ムッシュ。
グリーンサラダやチップスを添えることも多い。
"クロック"はかじる、
"ムッシュ"はおじさんという意味で、
文字通り、紳士のためのサンドイッチ。
1910年に、パリのキャプシーヌ大通りにあった
カフェのシェフが考案したという伝説がある。
冷めてもおいしくいただけるのが魅力。
バゲットでサンドイッチにすることが多いフランスでも、
このクロック・ムッシュだけは食パンを使う。
ポイントは薄切りのものを使うこと。
お腹が空いているときは厚めのパンにして
ボリュームを出したり、スライスしたトマトをのせても。

スパイス「ナツメグ」はホールがおすすめ

日本のスーパーではナツメグはパウダーとして販売されているものがほとんど。でも「すり立ての香りはまったく違います。ぜひホールを使ってみてほしいです」とイザベラさん。瓶に入れ、料理のたびにすりおろして使うが、長期保存も可能。

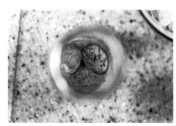

Croque Monsieur
クロック・ムッシュ

材料（2人分）
食パン（10枚切り）… 4枚
ハム … 4枚
エメンタールチーズのすりおろし
（またはピザ用チーズ）… 60g
ディジョンマスタード* … 適量
ベシャメルソース（作りやすい分量）
| バター（無塩）… 30g
| 薄力粉 … 30g
| 牛乳 … 300㎖
| 塩 … 適量
| 黒胡椒 … 適量
| ナツメグパウダー … 適量

*ディジョンマスタードはフランスのディジョン地方で作られるマスタード。製造の際、ケシの種子の外皮を除いて潰すため、明るい色とまろやかな舌触りが特徴。

1　ベシャメルソースを作る。鍋にバターを入れて弱火で熱する。バターが溶けたら薄力粉を加え、泡立て器でダマが残らないように混ぜる。牛乳を少しずつ加え、なめらかになるまでよく混ぜる。

2　ソースにとろみがついたら塩、黒胡椒、ナツメグパウダーを加えて味を調える。でき上がったソースは冷蔵庫で5日間保存可能。

3　オーブンを180℃に予熱する。天板にオーブンシートを敷き、食パン2枚を並べる。ベシャメルソースをそれぞれの食パンに端まで塗り広げる。

4　3にハム2枚ずつ、その上にエメンタールチーズをたっぷりのせる@。残りの食パンにディジョンマスタードとベシャメルソースを塗り⑥、その面を下にして重ねる。

5　4に残りのエメンタールチーズをのせ、温めたオーブンでチーズが溶けて軽く黄金色になるまで10分ほど焼く。

フレンチビストロの定番であり、お母さんの味といえば、キッシュ・オ・パルメザン。
日本でキッシュといえば、ロレーヌ地方のキッシュ・ロレーヌを思い出すかもしれない。
今回はトマトペーストとローズマリーを使ったキッシュ・オ・パルメザン。
こんがり焼けたカリカリの生地や、良質なパルミジャーノ・レッジャーノと
生クリームが織りなす香りに、フランスで長く愛されてきただけの秘密が詰まっている。
好みでベーコンやサーモン、マッシュルーム、ほうれん草、玉ねぎ、ポロねぎを入れても。

Quiche au Parmesan
キッシュ・オ・パルメザン

材料 （直径22〜24cmのパイ皿・1台分）
ショートクラストペイストリー
| 薄力粉 … 250g
| バター（無塩）… 125g
| （角切りにし、使う直前まで冷蔵庫で冷やす）
| 塩 … ひとつまみ
| 卵黄 … 1個分
| 冷水 … 大さじ4〜5
フィリング
| 卵 … 4個
| 生クリーム … 300㎖
| 牛乳 … 100㎖
| パルミジャーノ・レッジャーノのすりおろし … 80g
| 塩 … 適量
| 黒胡椒 … 適量
| ナツメグパウダー … 適量
トマトペースト … 100㎖
ローズマリー（乾燥）… 適量

1　ショートクラストペイストリーを作る。ボウルに薄力粉、バター、塩を入れてカードなどでバターを切りながら薄力粉とすり混ぜる。バターが大豆程度の大きさになったら卵黄と冷水を加えてひとまとめになるように混ぜる。ボール状にしてラップで包み、冷蔵庫で2時間ほど休ませる。この状態で冷凍庫で3〜6か月保存可能。

2　オーブンを180℃に予熱する。

3　フィリングを作る。別のボウルに卵、生クリーム、牛乳を入れてよく混ぜる。パルミジャーノ・レッジャーノ、塩、黒胡椒、ナツメグパウダーを加えてさらに混ぜる。

4　1を冷蔵庫から取り出してオーブンシートで挟み、麺棒でパイ皿よりも大きく薄くのばす。パイ皿にオーブンシートを敷き、その上にのばした生地を隅々まで広げ、余分な生地は切り落とす ⓐ。

5　4の底にトマトペーストを塗り広げ ⓑ、3を流し入れ ⓒ、ローズマリーを散らす ⓓ。トマトペーストを塗ることで、生地がカリッと焼け、トマトの酸味と甘みも楽しめる。

6　温めたオーブンに入れ、フィリングが膨らみ、こんがり焼き色がつくまで40〜50分焼く ⓔ。

7　オーブンから取り出し、型から外してオーブンシートごと粗熱を取る。好みの大きさに切り分け、サラード・ヴェルトを添える。

Salade Verte
サラード・ヴェルト（グリーンサラダ）

材料 （4人分）
ミックスグリーンリーフ … 2パック
ドレッシング
| 白ワインビネガー … 大さじ1
| オリーブオイル … 大さじ3
| ディジョンマスタード … 大さじ1
| 塩、黒胡椒 … 各適量

ドレッシングの材料を混ぜる。食べる直前に皿に盛ったミックスグリーンリーフに回しかけ、和える。

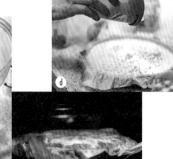

2017年、ブッフ・ブルギニョンは、
フランス人によって「お気に入りの料理」に選ばれた。
フランス・ブルゴーニュ地方は、ピノ・ノワールや
シャロレー牛、ブレス鶏、エスカルゴなどのグルメの産地。
ブッフ・ブルギニョンはおいしいワインと一緒に長時間煮込むため、
昔は特別な日の料理だったが、いつしかフランスの典型的な日曜日の食事に。
甘い野菜と濃厚なソースで食べるやわらかい牛肉は、
冬の到来を感じる料理のひとつ。
残った翌日はポーチドエッグをのせて、ウフ・アン・ムーレットにするそう。

Boeuf Bourguignon
ブッフ・ブルギニョン（ブルゴーニュの牛肉赤ワイン煮込み）

材料（4人分）
牛肉のマリネ
　牛肉（肩ロース肉、すね肉など。ブロック）… 600g
　玉ねぎ … 大1個（半分は4等分のくし形切りにし、
　　残りはざく切りにする）
　にんじん … 大3本（1cm厚さの輪切りにする）
　にんにく … 2片（包丁の背で潰す）
　タイム … 2枝
　ローリエ … 2枚
　クローブ … 2粒（くし形切りにした玉ねぎに刺す）
　赤ワイン（ピノ・ノワール）… 1本
ベジタブルストック … 800mℓ
ベーコン（ブロック）… 120g（拍子木切りにする）
パールオニオン（またはペコロス）… 100g
マッシュルーム … 200g
イタリアンパセリ … 適量
薄力粉 … 40g
塩 … 適量
黒胡椒 … 適量
オリーブオイル … 適量

1　牛肉のマリネを作る。牛肉は5cm角に切り、野菜、ハーブ類とともに保存容器に入れる。被る程度の赤ワインを注ぎ、冷蔵庫で1時間以上置く@。

2　1を冷蔵庫から出し、肉、野菜、赤ワインに分ける。赤ワインは取り置く。

3　大きな鍋にオリーブオイル大さじ3を入れて中火で熱し、水気をきった牛肉を焼き色がつくまで炒めるⓑ。こんがりと焼き色がついたら皿に取り出す。

4　同じ鍋にオリーブオイル大さじ1を加えて熱し、2の野菜を5分ほど炒める。

5　牛肉を戻し入れ、薄力粉をふって3分ほど炒める©。

6　ベジタブルストック、2の赤ワイン250mℓ、塩と黒胡椒各適量を加えて蓋をし、中弱火で2時間以上煮込む。

7　その間にベーコンとパールオニオンを炒める。フライパンにオリーブオイル適量を入れ、中火で熱する。ベーコンがカリカリになり、パールオニオンがしんなりとして色づくまで10分ほど炒める。

8　マッシュルームを加えてさらに5分ほど炒め、煮込み終了の10分前に6の鍋に加える。

9　味を見て、塩と黒胡椒で味を調える。器に盛り、イタリアンパセリのみじん切りを散らし、ガーリック・カンパーニュを添える。

Garlic Campagne
ガーリック・カンパーニュ

材料（4枚分）
カンパーニュ（薄切り）… 4枚
ガーリックオイル
　オリーブオイル … 大さじ2
　にんにくのみじん切り … 1片分
　イタリアンパセリのみじん切り … 3枝分
　塩 … 適量

1　ガーリックオイルを作る。すべての材料を混ぜる。冷蔵庫で3日間保存可能ⓓ。

2　カンパーニュにたっぷりと1を塗り、オーブントースターで焼き色がつくまで焼く。

France

（23）

Spain

Delicioso

おいしい：デリシオン

日本でも人気のスペイン料理。地域色豊かで、ひとくくりにスペイン料理を説明するのは難しいといわれていますが、素材の味や風味を生かしたシンプルな調理法であること、またオリーブオイルをよく使うことはどの地域にも共通した特徴です。

「オリーブオイルの消費量は世界一。サラダに炒め物、揚げ物など、あらゆる料理に2種類のオリーブオイルを使い分けます。香りも栄養価も高いエクストラバージンオリーブオイルは加熱せず、サラダやパンに。アヒージョに使う場合は低温でじっくり調理するのがポイントです。二番搾りのピュアオリーブオイルは、炒め物や揚げ物などの高温調理に使います。エクストラバージンオリーブオイルにはオレイン酸が豊富に含まれていて、コレステロール値を下げる働きがあります。だから、うちの母は体重が100kgありますが、コレステロール値は低くて元気！エクストラバージンオリーブオイルのおかげです」とホセさん。

スペインは近年、長寿の国として知られており、平均寿命の長さはWHOの2018年の報告によると世界第3位。その秘密はオリーブオイルだけでなく、スペインの食のリズムにもあるといわれています。

「そうですね、スペイン人は1日5回食事を取るんです。出かける前や出勤途中で軽い朝ごはん、10時半の休憩にボカディージョ（スペインのサンドイッチ）を食べます。ランチは午後1～3時。そして仕事を終えて午後6時頃にはスペインバルでタパスを食べたり果物などのおやつを食べたりして、夜ごはんは軽めに夜9時頃。回数が多いので、1回の食事量はそんなに多くありません。それゆえ身体に負担が少なく健康的なんですよ」

1日5食のうち、一番メインとなる食事は昼ごはん。前菜にメイン、そして締めにデザートという3皿が定番です。

「地域によっては家に帰って昼ごはんを食べる人もいると思いますが、たいていはレストランで食べます。実家のレストランには地元の勤め人たちがランチを食べに来ていましたが、彼らのランチ代は会社持ちでした。月末になると、会社の係の人が払いに来るんですよ。スペインではそういう会社が多いんじゃないかな」

食べることは生きることであり、生きる喜びは食べること。そんな食文化がスペインの長寿を支えているのです。

ホセさん
Jose

スペイン北西部にあるサンティアゴ・デ・コンポステーラ郊外のトラソ出身。料理学校を卒業後、実家のレストランで働く。2008年に子育てのため、妻の母国である日本に移住。レストランで働きながら、ニキズキッチンでスペイン料理を教えてきた。いつか、故郷のような自然豊かな田舎で野菜作りや養鶏をしながら暮らすのが夢。

上／出身の村にほど近いサンティアゴ・デ・コンポステーラは巡礼路の終点の街として知られる。右／スペインバルといえばタパス。さまざまな小皿料理が並ぶ。ひと口タパスがお店からサービスされることもあるそう。

ボカディージョは、フランスパンで生ハムやトマト、
あるいはトルティージャ（スペイン風オムレツ）などを
挟んだスペインのサンドイッチ。
朝ごはんにはもちろん、軽食としてもよく食べる。
だから街中にはボカディージョのスタンドがあるし、
スペインバルでも必ずメニューにある一品。
ホセさん曰く「日本のおにぎりみたいなもの」。

スペインの定番食材「生ハム」

生ハムはスペインでは種類もさまざま。今回
使ったハモンセラーノが一番ポピュラーで、
味はさっぱり、値段もお手頃。ハモンイベリ
コは風味が強く、赤身の色も濃い。ハモンイ
ベリコベジョータは、どんぐりを食べた放牧
のイベリコ豚を使った最高級生ハムだ。

Bocadillo
ボカディージョ（スペインのサンドイッチ）

材料 （2人分）
バゲット … 1本
ハモンセラーノ … 50g
トマトの薄切り … 大1個分
エクストラバージンオリーブオイル … 適量
塩 … 適量

1 バゲットは半分の長さに切ってから、半分の厚さに切る。下側
のパンの断面にエクストラバージンオリーブオイルを塗る ⓐ。

2 オリーブオイルを塗ったパンの上にハモンセラーノをのせ、そ
の上にトマトを並べる ⓑ。

3 塩をふり、上側のパンをのせる。それぞれ半分に紙ナプキンを
巻く ⓒ。具がこぼれないように紙ナプキンを巻いた部分を持
って食べる。

Spain

ⓐ

ⓑ

ⓒ

1日のうちでメインとなる昼ごはん。ゆっくりと時間をかけて食べる。
前菜には、サラダやパエリアなどの米料理、あるいはパスタを。
メインは肉か魚の料理。そしてデザートも欠かせない。
今回の前菜は、いろいろな食材が入り栄養も食べ応えもあるサラダ。
メインはアヒージョ・デ・ポヨ。"アヒージョ"とは、小さなにんにくの意味。
だから、アヒージョとはにんにくの香りたっぷりの料理ということ。

Ensalada de Garbanzos
エンサラダ・デ・ガルバンゾ
（ひよこ豆のサラダ）

材料（4人分）
ひよこ豆（水煮）… 2缶（480g）
長ねぎ … 1本
ピーマン … 4個
パプリカ（赤）… 1個
オリーブ（黒）… 20個
モッツァレラチーズ … 100g
ミニトマト … 20個
エクストラバージンオリーブオイル … 100㎖
白ワインビネガー … 50㎖
塩 … ふたつまみ
イタリアンパセリ … 適量

1 長ねぎは粗みじん切りにする。ピーマンとパプリカはヘタと種を取り、ひよこ豆と同じ大きさに切る⑧。オリーブは種を取り、手で半分にちぎる。

2 ボウルにエクストラバージンオリーブオイル、白ワインビネガー、塩を入れて泡立て器で混ぜ合わせる。塩が溶け、乳化して白っぽくとろりとするまでしっかり混ぜる⑥。

3 2に1を数回に分けて加え、全体によくドレッシングを馴染ませ、30分ほど置く©。

4 ひよこ豆は水で洗ってザルで水気をきる。モッツァレラチーズは豆と同じの大きさの角切りにする。ミニトマトは4等分に切る。

5 3にひよこ豆とモッツァレラチーズを加えて混ぜ、塩適量（分量外）で味を調える。ミニトマトを加えるので少し強めでよい。食べる直前にミニトマトを加え④、下から返すように全体を優しく混ぜる。皿に盛り、イタリアンパセリを飾る。

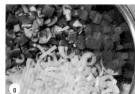
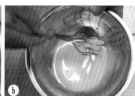

Ajillo de Pollo
アヒージョ・デ・ポヨ
（鶏肉のアヒージョ）

材料（4人分）
鶏手羽元 … 12本
にんにく … 8片
タイム … 2〜3枝
ローズマリー … 2〜3枝
ローリエ … 1枚
赤唐辛子 … 1本
白ワイン … 100mℓ
エクストラバージンオリーブオイル … 50mℓ
塩 … 適量
白胡椒 … 適量
イタリアンパセリのみじん切り … 適量
バゲット（薄切り） … 適量

1　鶏肉は冷蔵庫から出して30分ほど室温に置き、ペーパータオルで水気をふき取ったら、塩と白胡椒をしっかりふる。にんにくは縦半分に切る。

2　小さいフライパンにエクストラバージンオリーブオイル、にんにく、赤唐辛子を入れ、中火にかける。にんにくの周りに小さな気泡が出てきたらごく弱火にし、にんにくがやわらかくなるまでゆっくりと加熱する。

3　別のフライパンにオリーブオイル大さじ1（分量外）を入れて強火で熱し、1の鶏肉を焼く。あまり触らず、焼き目がついたら裏返す⒠。全面に焼き色がついたら、皿に取り出す。

4　3のフライパンに2のにんにくオイルをにんにくごと入れ、タイム、ローズマリー、ローリエ、3の鶏肉と皿の肉汁を加え、全体をざっと混ぜて弱火にかける。

5　油が温まってきたら白ワインを加えて中火にする。沸騰する直前で弱火にし、フライパンをゆすりながら10分ほど煮る⒡。

6　器に盛ってイタリアンパセリを散らし、バゲットを添える。

白ワインを加えたらゆっくり加熱しながらフライパンをゆらして、乳化させるのがおいしく仕上げるコツ。

にんにくは潰さないこと。丸ごと入れるか、薄切りにする。「潰すと香りが飛んでしまうから」とホセさん。

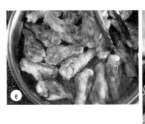

ランチコースの 3 皿目に、あるいはカフェでコーヒーと。
スペインで定番のデザート、クレマ・カタラーナ。
甘さを控えて、レモンとシナモンの風味を
効かせるのがポイント。
しっかり冷やしたカスタードクリームに、
熱々のカラメルをかけるとあめ状にパリッとかたまる。
それを割って混ぜながら召し上がれ。

Crema Catalana

クレマ・カタラーナ

材料 （4 人分）
牛乳 … 500㎖
レモンの皮 … 1/2個分
シナモンスティック … 1本
卵黄 … 5個分
砂糖 … 50g
コーンスターチ … 15g
粉砂糖 … 適量
好みのハーブ（ミントなど）… 適量
カラメルソース
　砂糖 … 大さじ5
　水 … 大さじ5

1 鍋に牛乳、レモンの皮、シナモンスティックを入れ、沸騰しないように弱火で温める。香りが出たら、レモンの皮とシナモンスティックを取り出し、火から下ろして粗熱を取る。

2 ボウルに卵黄、砂糖、コーンスターチを入れて泡立て器でよく混ぜる。

3 2 に 1 を少しずつ加えながらよく混ぜる。

4 鍋に 3 を戻し入れて中火にかけ、よく混ぜる。クリーム状になってきたら火を止める。

5 粗熱が取れたら器に入れ、2 時間以上冷蔵庫で冷やす ⓐ。

6 カラメルソースを作る。フライパンに砂糖と水を入れて中火にかけ、フライパンをゆすりながら煮詰めていく。色が濃くなってきたら火を止める。余熱で火が入るので、カラメル色になる直前で火を止めること ⓑ。

7 よく冷えた 5 にスプーンで 6 をかけ ⓒ、ハーブをのせて粉砂糖をふる。

Tortilla Española

トルティージャ・エスパニョーラ
（スパニッシュオムレツ）

材料（28cmのフライパン・1個分）
じゃがいも … 800g
玉ねぎ … 1/2個
卵 … 12個
エクストラバージンオリーブオイル … 適量
オリーブオイル … 大さじ1
塩 … 適量

1 じゃがいもは皮をむいて2〜3mm厚さに切り、水にさらす。玉ねぎは薄切りにする。

2 深めのフライパンか鍋にペーパータオルでしっかり水気をふき取ったじゃがいもと玉ねぎを入れる。じゃがいもと玉ねぎがヒタヒタに被る程度のエクストラバージンオリーブオイルと塩ふたつまみを加え、中火にかける。じゃがいもの縁に小さな気泡が出始めたらごく弱火にしてゆっくり加熱する⒟。

3 じゃがいもがやわらかくなったら、ザルに上げてしっかり油をきり⒠、粗熱を取る。

4 ボウルに卵を割り入れ、泡を立てないようにフォークなどで溶きほぐす。塩3〜4つまみを加えてよく混ぜて3を加え、じゃがいもが潰れないようにざっと混ぜる⒡。このときじゃがいもが"泳ぐ"程度の卵液の量がよい。足りなかったら卵液適量（分量外）を足す。

5 フライパンにオリーブオイルを入れてしっかり縁まで馴染ませたら、強火で熱する。煙が出てきたら、余計な油をふき取り、4を流し入れる。

6 縁がかたまってきたら、そっと真ん中に寄せる。それを繰り返し、全体に火を入れていく。全体が半熟状にかたまってきたらフライパン全体に平らに広げ⒢、フライパンをゆすって卵を動かしながら、焼き目をつける。

7 フライパンよりひと回り小さい皿を被せ、逆さまに返して皿に出す⒣。皿の上の卵をスライドさせるようにフライパンに戻し入れ、反対側にも焼き目をつける。フライパンをゆすって、卵がくっつかないよう動かしながら焼く。しっかり焼き上げたい人は、卵の真ん中を押して焼き具合を確かめる⒤。かたくなったら完全に火が通っている。

8 皿をフライパンに被せ、逆さまに返して皿に取り出し、好みの大きさに切り分ける。

夜ごはん

スペインのどこの家庭でも、レストランでも、
バルでも人気のメニュー。
具には、チーズを入れてもピーマンやハムを入れてもよいが、
じゃがいもと玉ねぎで作るのが基本。
おいしく作るコツは、じゃがいもと玉ねぎを
「コンフィ（低温の油でゆっくりと加熱する）」すること。
それにより、じゃがいもの風味と甘みが引き出される。
決して炒めたり、揚げたりしないように。

d e f

g h i

Spain

（29）

Portugal

Gostoso

おいしい：ゴストーゾ

イネスさん
Inês

2021年6月、ポルトガル政府観光局長として来日したイネスさん。忙しい仕事のかたわら、母国のポルトガル料理を家族に作っている。日本食もかなりお気に入りで、特に日本そばが好物。そんなイネスさんの願いはポルトガルの文化を日本でもっと広めること。
「ポルトガルにはおいしいものがたくさんあります。まずはポルトガル料理から広めていきたいです」

ポルトガルの陶器「ボルダロ・ピニェイロ」をたくさんコレクションしているイネスさん。ユニークなモチーフとカラフルな色合いが魅力。

左下／夫のフィリッペさんが用意してくれたウエルカムのおもてなし。スパークリングワインに、アソーレス諸島の熟成チーズと山羊の白チーズ。そしてポルトガル特産の缶詰、ツナとオイルサーディンも美味。
右下／ポルトガル特産の缶詰は味のバリエーションも豊富で、なによりおしゃれなパッケージに目を引かれる。

南ヨーロッパに位置し、地中海性気候で1年を通して過ごしやすいポルトガル。南北に延びた地形のため、日本と似たような四季があり、豊富な魚介類や農産物、そしてチーズにワイン、塩漬けや干物、缶詰など美食に溢れる国。また魚や米を食べる食文化にも親近感を感じます。
「ポルトガル料理は素材を活かしたものが多く、毎日食べても飽きないのも魅力です。ポルトガル人にとって朝、昼、夜、3回の食事はとても大切な時間です。ただ世界中がそうであるように、時間に追われる人が多いのも事実ですが、ここ10年朝ごはんをしっかり食べる意識が強くなってきていますね」とイネスさん。
今回紹介してくれたのはポルトガルの朝の定番、トースタ・ミスタというポルトガルのサンドイッチ。ポルトガルでは全粒粉で作ったカンパーニュのような大きなパンに、ハムとチーズを挟んで、専用のホットサンド機で両面を香ばしく焼くものが人気。焼き上がったらバターを塗って、コーヒーや牛乳、オレンジジュースと一緒に食べます。オレンジが安価なポルトガルでは果汁を搾ってジュースにし、大人は食後に必ず、エスプレッソコーヒーを飲むのだそう。
「トースタ・ミスタは週末の早めの昼ごはん、ブランチとして食べられることも。そんなときは卵やスモークサーモン、フルーツなどがオプションとしてつき、少し豪華になります。平日の昼ごはんはレストランで食べる人もいるし、自分で持ってきたものをオフィスで食べる人もいます。ただ日本のようにお弁当を作る習慣はなく、家で残ったものをランチボックスに詰める程度。メニューは昼と夜に大差はなく、肉も魚もバランスよく食べるのが一般的です」
そんなポルトガルの国民食は鱈。フレッシュなものではなく、塩で漬けて干し鱈を塩抜きしてから使います。ポルトガルでは、干し鱈の料理法は1001通りあるといわれるほど多いそうです。そんなイネスさんがよく作るのが、干し鱈とじゃがいもを混ぜて揚げたパステイス・デ・バカリャウという子どもたちにも人気の一品。
「干し鱈はフレッシュなものにはない旨みとしっとりした肉質が魅力。干し鱈の塩抜きは2日ほどかかるので、家庭では多めに塩抜きしたものを冷凍保存しておくことが多いです。手間がかかる料理ではありますが、手間を上回るおいしさなので、ぜひ味わってほしいです」
料理は大皿に盛り、それぞれの皿に取り分けるスタイルがポルトガル流。メインディッシュのほか、スープやごはんのサイドディッシュが必ずつきます。米は野菜と一緒に、またはあさりや豚肉、タコなどと炊き込めば、メインディッシュにもなるそう。
ポルトガルといえば、日本のカステラや金平糖、ボーロなど、1500年代にポルトガルから伝わり、新たな形となって日本で定着した和菓子が数多くあります。
「ポルトガルではカステラやエッグタルトなど、卵黄をふんだんに使ったお菓子が多いですが、それは昔、ポルトガルの修道院でアイロンをかけるときに糊代わりに使っていた卵白の残りの卵黄を、お菓子に有効活用したのが始まり。無駄にしない修道女たちの知恵で生まれたお菓子は今も根強く愛されています」
今回、卵と米を使ったデザートも作ってくれたイネスさん。おもてなしのスパークリングワインや前菜に舌鼓を打ちつつ、ポルトガル料理を堪能しました。

トースタ・ミスタを焼く、
トースターというホットサンド機は、
イネスさんが20年もの間愛用しているもの。
ない場合はオーブントースターで焼いても大丈夫。
パンにバターを塗る人もいるが、トーストしてから
バターを塗って照りと香りを出すのがイネスさん流。
ハムとチーズの塩気が食欲を誘う。

Tosta Mista
トースタ・ミスタ
（ポルトガルのホットサンドイッチ）

材料 （2人分）
バタール … 1本弱
ハム … 4枚
溶けるチーズ（スライス）… 4枚
バター（有塩）… 適量

1 バタールは10㎝長さに切ったものを2個用意し、半分の厚さに切る。

2 1にそれぞれチーズ1枚、ハム2枚、チーズ1枚を順に挟む。

3 2をホットサンド機に挟み(a)、両面に焼き色がついてチーズが溶けるまで焼く(b)。またはオーブントースターで焼き色がつくまで焼いてもよい。皿に盛り、バターを塗る(c)。

昼ごはん

干し鱈とじゃがいもで作るコロッケ、パステイス・デ・バカリャウ。
干し鱈を選ぶときのポイントは「身が厚いものがよいです」とイネスさん。
ポルトガルでも人気の家庭料理で、相性抜群のトマトのリゾット、
アロース・デ・トマテと一緒に食べるのが一般的。
春には菜の花と炊いたリゾットを添えるのが伝統的だという。

Pasteis de Bacalhau
パステイス・デ・バカリャウ
（鱈とじゃがいものコロッケ）

材料 （2人分）
干し鱈 … 300g
卵 … 3個
じゃがいも … 3個
玉ねぎのみじん切り … 1/2個分
にんにくのみじん切り … 2片分
パセリのみじん切り … 4枝分
牛乳 … 50mℓ
白胡椒 … 適量
オリーブオイル … 大さじ2
油 … 適量

1　干し鱈は軽く洗い、ボウルに入れてたっぷりの水を注ぐ。3～4時間ごとに水を替えながら冷蔵庫に2日ほど置いて塩抜きする。ただ、完全に塩を抜いてしまうと、調理過程で塩を加えなくてはいけないので注意する。多めに塩抜きし、冷凍保存してもよい。

2　鍋に1を入れ、被る程度の水（分量外）と牛乳を加える。干し鱈がやわらかく膨らむまで15分ほど煮る。

3　2の水気をきり、小骨と皮などを取り除きながらひと口大にほぐす⒜。

4　3をフキンなどで包んでよくもみほぐし⒝、残った小骨と皮を丁寧に取り除き⒞、ボウルに入れる。

5　じゃがいもは皮をむいてひと口大に切り、やわらかくなるまで茹でる。茹で上がったら湯をきり、マッシャーで潰して4に加えて混ぜる。

6　卵は卵黄と卵白に分ける。卵黄は5のボウルに加えて混ぜる。卵白は別のボウルに入れ、フォークなどでゆるく泡立てる。卵白を泡立てることでふわふわの食感になる。

7　フライパンにオリーブオイルを中火で熱し、玉ねぎとにんにくを15分ほど炒める。玉ねぎが透き通ってきたら火を止め、5のボウルに加えて混ぜる。

8　パセリ、泡立てた卵白、白胡椒を加えてさっくり混ぜる⒟。

9　別のフライパンに油をたっぷり入れて160℃に温める。8をスプーン2本でクネルの形に成形し⒠、裏返しながらこんがりときつね色になるまで揚げる。

10　油をきって皿に盛り、アロース・デ・トマテを添える。

Arroz de Tomate
アロース・デ・トマテ
（トマトのリゾット）

材料 （2人分）
米 … 200mℓ
トマト（完熟）… 大1個
玉ねぎのみじん切り … 1/2個分
にんにくの薄切り … 1片分
パセリの粗みじん切り … 1枝分
ローリエ … 2枚
パッサータ（またはトマトピューレ）… 適量
砂糖 … 適量
塩 … 3つまみ
オリーブオイル … 大さじ2

1　トマトは皮をむき、ざく切りにする。

2　鍋にオリーブオイルを入れて中火で熱し、玉ねぎとにんにくを炒める。玉ねぎが透き通ってきたら、1とローリエを加える。

3　トマトがしっかり煮崩れたら塩とパセリを加え、味を見る。酸味が強い場合は、パッサータと砂糖で味を調える。

4　水600mℓ（分量外）を加え、沸騰したら洗わずにそのまま米を加え⒡、蓋をして15分ほど弱火で煮る。

5　器に盛り、パセリ（分量外）をのせる。

「干し鱈」を上手に戻せたら、
料理上手の証し

干し鱈こと"バカリャウ"は、ポルトガルの伝統的な保存食。獲れ立ての鱈を船上でさばき、塩漬けにして陸上で乾燥させたもの。塩抜きしながら身をやわらかく戻して使う。戻し加減が難しく、調理の際は塩気が残り過ぎると料理が塩辛く、油断すると塩が抜け過ぎてしまう。食べたときに日本の鯵の干物程度の塩気がよい。水で戻したあとは牛乳を加えた湯で軽く茹でることで、ふっくらとやわらかくなる。レストランのシェフによっては、湯と同量の牛乳で茹でることもある。

海と山の幸を合わせた、カルネ・デ・ポルコ・ア・アレンテジャーナ。
ポルトガル南部の伝統料理で、豚肉とあさりの旨みが染みたフライドポテトが絶品。
合わせるのは、ポルトガルで最も人気のあるスープ、カルド・ヴェルデ。
シンプルな材料と味付けでおいしく作れるが、その秘訣はサラミにある。
ポルトガルではチョリソーを使うが、サラミを使っても味を再現できるとのこと。
昔は貧しい人たちの身体を温めるものだったが、今ではポルトガルを代表するスープ。
季節によっては冷やして食べる。市場ではカルド・ヴェルデ用のキャベツを購入すると、
その場で細切りにしてくれるサービスもあるそう。

Carne de Porco à Alentejana

カルネ・デ・ポルコ・ア・アレンテジャーナ
（豚肉とあさりのアレンテージョ風）

材料 （4人分）

豚肩ロース肉（ブロック）… 400〜450g
あさり … 400〜450g（砂抜きする）
コリアンダー（パクチー）… 1束
マリネ液
　にんにくの薄切り … 3片分
　ローリエ … 2枚
　白ワイン … 65ml
　オリーブオイル … 大さじ3
　パプリカパウダー … 小さじ2
　マッサ・デ・ピメント＊ … 小さじ1
　塩 … 小さじ2/3
　白胡椒 … 適量
フライドポテト
　じゃがいも … 4個
　塩 … 適量
　油 … 適量
カリフラワーのピクルス … 適量
オリーブ（黒）… 適量

＊マッサ・デ・ピメントは赤
パプリカをペースト状にした
もので塩気、甘み、旨みがあ
る。ポルトガルの隠し調味料。

1　あさりは殻をこすり合わせながら洗い、水気をきる。豚肉は余分な脂を取り除いて脂は取り置き、ひと口大に切る。合わせたマリネ液に入れて冷蔵庫で2時間ほどマリネする⒜。

2　フライドポテトを作る。じゃがいもは皮をむき、1.5cm角に切る。塩を入れた水適量（分量外）に10分ほどさらして水気をよくきる。

3　鍋に油を入れて170℃に温め、じゃがいもを火が通るまで揚げ、油をきる。

4　フライパンに1の取り置いた脂、またはオリーブオイル大さじ1（分量外）を入れ、中火で熱する。マリネした豚肉を入れたら強火にし、色が変わるまで炒める。

5　あさりを加え⒝、よく火を通して口が開いたら火を止める。フライドポテトとざく切りにしたコリアンダーを加えて混ぜる⒞⒟。

6　皿に盛り、カリフラワーのピクルスとオリーブを散らし、カルド・ヴェルデを添える。

(34)

Caldo Verde

カルド・ヴェルデ
（じゃがいものスープ）

材料（4人分）
ちりめんキャベツ（または小松菜）の
　　細切り … 100g
じゃがいも … 4個
玉ねぎ … 1/2個
にんにく … 2片
サラミ（ブロック）… 35g
塩 … 大さじ1
オリーブオイル … 大さじ2

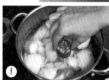

1 ちりめんキャベツは細切りにする⒠。じゃがいも、玉
　ねぎ、にんにくはそれぞれ4等分に切る。

2 鍋に湯1ℓ（分量外）を沸かし、ちりめんキャベツ以外
　の材料を加える⒡。じゃがいもがやわらかくなったら、
　火を止める。

3 サラミと煮汁を少し取り出す。残りをブレンダー、また
　はミキサーでなめらかになるまで撹拌する。好みのとろ
　み加減になるように取り出した煮汁を加えて調整し、塩
　適量（分量外）で味を調える。サラミは薄切りにする。

4 弱火にかけ、ちりめんキャベツを加え、蓋をして20分
　ほど煮る。

5 器によそい、サラミをのせる。

Arroz Doce

アロース・ドーセ
（ライスプディング）

デザート

日本と同様に米をよく使うポルトガル。
"アロース・ドーセ"は、甘いごはんといういう意味で、
おうちでも手軽に作られるデザート。
ほんのりと米の食感が残り、シナモンがふわっと香る優しい味で、
イネスさんが淹れてくれたポルトガルの緑茶ともよく合った。

材料（4人分）
牛乳 … 1ℓ
米 … 160g
シナモンスティック … 3cm
レモンの皮 … 1/4個分
ブラウンシュガー（またはきび砂糖）
　　… 100g
卵黄 … 4個分
シナモンパウダー … 適量

1 鍋に卵黄とシナモンパウダー以外の材料を入れて中火に
　かける。沸騰したら弱火にし、煮立たない程度の温度
　（90℃程度）を保ちながら蓋をして15分ほど加熱する。

2 ボウルに卵黄を入れてよく溶き混ぜる。1を少し加えて混
　ぜ、濃度を薄めたら鍋に加えてさらに25分ほど加熱する。

3 器によそい⒢、シナモンパウダーをふる。

Austria

Lecker

おいしい：レッカー

クリスタさん

Christa

オーストリアの首都・ウィーン出身。大学卒業後「世界中に住んでみたい」と海外で就職。カナダ、中国で働いたあとに日本へ来たのが1985年。日本での勤務後、結婚を機にオーストリアへ引っ越したが、2010年から再び日本暮らしに。すでに独立した子どもたちはそれぞれの海外に拠点を構え、夫婦2人暮らし。「人と話すことが大好きな私の性に合っている」と、ニキズキッチンの料理教室を楽しんでいる。

ウィーンのホイリゲ。ホイリゲには新酒の意味も。

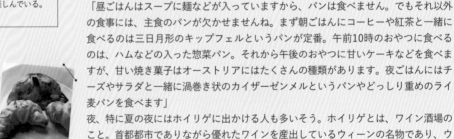

三日月形のキップフェル。製法は異なるが、形はクロワッサンとよく似ている。

ウィーンといえば焼き菓子も有名。こちらはクリスタさんお手製のチョコレートケーキ。

かつてヨーロッパ全土に支配を広げ、大きな影響力を持っていたハプスブルク家の拠点であったオーストリア。古くから人々の交流が盛んだった彼の地の料理は、隣接する地域はもちろん、ハプスブルク家の影響下にあったハンガリー、チェコやスロバキア、北イタリアなどの食文化と深い関わりを持っています。

「例えば、ウィーナー・シュニッツェルは私たちの故郷の味ですが、イタリアに行くとミラノ風カツレツという似たような料理があります。王侯貴族の婚姻などで文化の行き来が盛んだったヨーロッパの料理は、そんなふうにどこかつながっている部分があるように思います」

ウィーナー・シュニッツェルは1日3食のうちでメインの食事である昼ごはんの定番メニュー。付け合わせにはポテトサラダが欠かせません。肉料理の前には、クレープで作った麺やクネーデル（お団子）の入ったスープを食べます。最後に軽いデザートまでがランチの一般的なコース。

「昼ごはんはスープに麺などが入っていますから、パンは食べません。でもそれ以外の食事には、主食のパンが欠かせませんね。まず朝ごはんにコーヒーや紅茶と一緒に食べるのは三日月形のキップフェルというパンが定番。午前10時のおやつに食べるのは、ハムなどの入った惣菜パン。それから午後のおやつに甘いケーキなどを食べますが、甘い焼き菓子はオーストリアにはたくさんの種類があります。夜ごはんにはチーズやサラダと一緒に渦巻き状のカイザーゼンメルというパンやどっしり重めのライ麦パンを食べます」

夜、特に夏の夜にはホイリゲに出かける人も多いそう。ホイリゲとは、ワイン酒場のこと。首都都市でありながら優れたワインを産出しているウィーンの名物であり、ウィーンの食文化を語るときに欠かせない存在として、2019年にはユネスコ無形文化遺産に登録されました。

「私が子どもの頃はホイリゲといえば、ウィーン郊外のワイナリーの夏の庭。ワイナリーが庭を開放してそこでワインを提供していたんですよ。よく家族でピクニックに行きました。市街地のホイリゲもワイナリーの経営によるところが多いです。食事メニューは、ピクルスとハムの盛り合わせやローストポークなどが定番です」

今回はウィーナー・シュニッツェルのランチと、夜ごはんによく食べる野菜とハムのおかずを教えてもらいました。ぜひウィーンのワインと一緒に、召し上がれ。

昼ごはんは前菜、メイン、デザートの3皿。
前菜のフリッターテンズッペはクレープ入りのスープ。
オーストリアでは"パラチンケン"と呼ばれるクレープを麺のように細切りして具にする。
メインはオーストリアの代表的なひと皿、ウィーナー・シュニッツェル。
"シュニッツェル"とは薄い肉という意味。
仔牛肉をラードで揚げ焼きするのが伝統のレシピ。ラードなら香ばしく仕上がる。

Frittatensuppe

フリッターテンズッペ
（クレープ入りスープ）

材料 （作りやすい分量）

チキンスープ

| 手羽元 … 750g
| にんじんの薄い輪切り … 1本分
| 玉ねぎのくし形切り … 1個分
| セロリの小口切り … 2本分
| パセリ … 少々
| にんにく … 1片
| 水 … 1ℓ
| 塩 … 適量
| 黒胡椒 … 適量

パラチンケン

| 薄力粉 … 75g
| 卵 … 1個
| 牛乳 … 75㎖
| 塩 … 少々
| 炭酸水 … 大さじ1

バター（有塩）… 適量

パセリのみじん切り … 適量

1 チキンスープを作る。鍋にすべての材料を入れ、弱火で1時間半以上煮込む。味を見て、塩、黒胡椒で味を調え、ザルで濾す。濾したスープとにんじんは鍋に戻し入れる。

2 パラチンケンを作る。ボウルに卵を割り入れ、よく溶きほぐし牛乳を加えて混ぜる。ふるった薄力粉と塩を2〜3回に分けて加えてその都度混ぜ、最後に炭酸水を加えてさっくり混ぜる。

3 フライパンを強火にかけてバター小さじ1程度を溶かし、2をお玉1杯分入れて手早く薄く広げる。裏返して両面に焼き目をつける。残りの生地も同様に焼く。

4 1人分につきパラチンケン1枚をくるくる巻いて2〜3㎜幅の細切りにし、スープ皿に入れる。そこに1のチキンスープを温めて注ぎ、パセリのみじん切りを散らして完成。

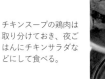

チキンスープの鶏肉は取り分けておき、夜ごはんにチキンサラダなどにして食べる。

Wiener Schnitzel

ウィーナー・シュニッツェル
（ウィーンのカツレツ）

材料 （2人分）
仔牛肉 … 2枚（300g）
卵 … 2個
牛乳 … 大さじ1
薄力粉 … 適量
パン粉（細挽き）… 適量
ラード … 適量
塩 … 適量
黒胡椒 … 適量
レモンの薄切り … 2枚

1 30分ほど室温に置いた牛肉を、肉叩きで叩いて5〜6mm厚さにのばし⒜、両面に塩と黒胡椒をふる。

2 ボウルに卵を溶きほぐし、牛乳を加えて混ぜる。バットなどに薄力粉とパン粉をそれぞれ広げる。

3 1を薄力粉、卵液、パン粉の順にくぐらせ、衣をつける⒝。

4 フライパンにラードを入れて中火で熱する。ラードは肉がヒタヒタに浸る程度でよい。

5 パン粉を落としてすぐジュワッと浮き上がる程度に熱くなったら3を両面を3〜4分ずつ揚げる。衣がはがれないように、衣がかたまるまでは肉に触らない⒞。

6 皿に5を盛り、ポテトサラダを添え、レモンをのせる。

「ポテトサラダ」の作り方
じゃがいも4個は茹でて皮をむき、5mm厚さに切る。ボウルに砂糖大さじ2、水と酢各50ml、塩小さじ1/2、オリーブオイル大さじ1、パセリのみじん切り適量と玉ねぎの薄切り1/4個分を入れてよく混ぜ、じゃがいもを加えてざっと混ぜる。

「パラチンケン」でデザートも

フリッターテンズッペ（p.37参照）で焼いたパラチンケンの残りに、杏のジャムを塗って粉砂糖をふり、フルーツを添えてデザートに。

Gebackener Porree mit Ei

ゲバッケナー・ポレ・ミット・アイ
（長ねぎのグリル、茹で卵添え）

夜ごはんはごく軽め。
パンとチーズ、ピクルスなどにおかずを1品。
例えばこんな野菜のメニュー。
緑レンズ豆もたっぷり入って、食べ応えもある長ねぎのグリル。
オーストリアの夜ごはんに欠かせないワインにもよく合う。

材料 （2人分）

長ねぎ（できればポロネギか下仁田ねぎ）… 3本
玉ねぎのみじん切り … 1/2個分
にんにくのみじん切り … 1片分
緑レンズ豆 … 100g
ベジタブルストック … 100ml
茹で卵 … 1個
ケイパー … 適量
パセリ … 適量
塩 … 適量
黒胡椒 … 適量
オリーブオイル … 大さじ1
ソース
　　ベジタブルストック … 300ml
　　オリーブオイル … 大さじ4
　　白ワインビネガー（または酢）
　　　 … 大さじ2
　　砂糖 … 大さじ1
　　塩 … 大さじ1

1 緑レンズ豆は40分ほど水に浸す。オーブンを200℃に予熱する。

2 鍋にオリーブオイルを入れて中火で熱し、玉ねぎとにんにくを炒める。香りが立ったら水気をきった緑レンズ豆を加えて5分炒め、軽く塩と黒胡椒をふる。ベジタブルストックを加え、蓋をして弱火で煮る。途中で水分がなくなってきたらベジタブルストック（分量外）を足す。水分がなくなり緑レンズ豆がやわらかくなったら、塩と黒胡椒で味を調える。

3 別の鍋に湯をたっぷり沸かし、塩適量を入れる。鍋に入る長さに切った長ねぎを加え、弱火にして5分茹でる。

4 長ねぎを鍋から取り出し、縦半分に切ったらオーブンシートを敷いた天板に並べ、焼き色がつくまで温めたオーブンで7～10分焼く。

5 ソースを作る。小鍋にベジタブルストックを入れて半量になるまで煮詰めたら、火から下ろして粗熱を取る。残りの材料を加えてよく混ぜる。

6 茹で卵は卵白と卵黄に分けてみじん切りにする。ケイパーとパセリもみじん切りにする。

7 皿に焼き上がった長ねぎを並べ、上に **2** を盛る⒜。**5** のソースを回しかけ、茹で卵、ケイパー、パセリを散らす。

"シンケン"とはハムのことで、これはハムでサラダを巻いた料理。
こういったハム料理もポピュラーな夜ごはんメニュー。
シンケンロールはスーパーでも売っているし、
レストランやホイリゲでも定番の一品。
この料理に使うマヨネーズソースには、
サワークリームが入るのがお決まり。

Schinkenrolle
シンケンロール（サラダのハム巻き）

材料 （2人分）
ハム（大判のスライス）… 4〜6枚
じゃがいも … 100g
きゅうりのピクルス … 小2個
にんじん … 小1本
かぶ … 1個
セロリ … 1本
グリーンピース（水煮）… 60g
茹で卵 … 1個
パセリのみじん切り … 適量
サラダ菜 … 2枚
パプリカパウダー … 少々
マヨネーズソース
　卵黄 … 1個分
　酢 … 大さじ1/2
　マスタード … 大さじ1/2
　油 … 65mℓ
　サワークリーム … 大さじ1
　塩 … 適量
　黒胡椒 … 適量

1　じゃがいもは茹でて皮をむき、1cm角程度に切る。きゅうりのピクルスは1cm角程度に切る。にんじん、かぶ、セロリは5mm角程度に切り、塩適量（分量外）を入れた湯で5分ほど茹でてザルに上げる。グリーンピースはさっと洗い、ザルに上げる ⓑ。

2　マヨネーズソースを作る。ボウルに卵黄、酢、マスタードを入れて泡立て器でよく混ぜる。そこに油を糸のように細く少しずつ垂らしながら加えて混ぜ、乳化させる ⓒ。サワークリームを加えてよく混ぜ、塩と黒胡椒で味を調える。

3　2のボウルに1の野菜を加え、よく和える ⓓ。

4　ハムに3を適量ずつのせてくるっと巻く ⓔ。巻き終わりを下にしてサラダ菜を敷いた皿に並べ、薄切りにした茹で卵とパセリを散らし、パプリカパウダーをふる。

Austria

(41)

Hungary

Finom

おいしい：フィノム

ドナルドさん
Donald

セルビア北部（旧ユーゴスラビア）出身のドナルドさん。セルビアからハンガリーに移住し、シェフとなる。シェフとして10年経験を積んだのち、ハンガリー大使館へ転職。仕事では食の世界から離れてしまったが、時間の合間を見て、ニキズキッチンで料理を教えている。愛妻家で、家では料理はすべてドナルドさんが担当。平日の昼ごはんは、大好きな味噌ラーメンを堪能している。

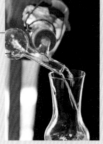

ハンガリーの食前酒、ウニクムとパーリンカ。度数が高いので、飲む量はほんの少し。香りを楽しみながらゆっくり味わうのがおすすめ。

ヨーロッパのほぼ中央に位置するハンガリー。オーストリア、スロバキア、ウクライナ、ルーマニア、クロアチアなどに囲まれた内陸国です。思い浮かぶ食といえば、やはりパプリカを使った赤い料理でしょう。

「欧米には、『朝食は王様のように、昼食はブルジョアのように、夕食は乞食のように』ということわざがあり、朝ごはんは1日のうちで最も大切な食事です。とはいえ、今は家で食べるのはまれで出勤途中でパンを買う人や、カフェに立ち寄る人が多いです。昼ごはんは会社近くのレストランでスープ、肉のメインディッシュ、デザートを食べることもありますが、なかなか時間を作れない人が多く、ホルトバージ・パラチンタ（鶏肉とパプリカのクレープ包み）やグヤーシュ（牛肉と野菜のパプリカの煮込み）などのスープで済ますことが多いです。どちらもハンガリーの名物料理で、食べられる店も街のあちこちにあります」とドナルドさん。

夜ごはんは午後8時頃から家族全員で食卓を囲むのが日常。取材に伺った日はハンガリー名物の食前酒を用意してくれました。

「ハンガリーでは、食事の前に食前酒を飲みます。有名なのは桃、アプリコット、プラムなどの果物を原料とした蒸留酒のパーリンカと、天然ハーブとスパイスが配合された健康酒としても飲まれるウニクム。どちらもアルコール度数が40度程度の強いお酒ですが、香りが爽やかで女性でも飲みやすいです。ハンガリーワインも有名で、食後にはワインやビールを楽しむ人が多く、お酒を楽しむ文化が根づいた国です」

さっそくひと口いただいたところ、爽やかな香りが鼻に抜け、飲んだ瞬間に喉がファーッと熱く、少し陽気な気分になりながら、ドナルドさんのおいしい料理を堪能しました。

パラチンタとはハンガリーのクレープのことで、
オーストリアやブルガリアなどの隣接する国でも食べられるもの。
見た目はクレープで、ジャムやチョコ、生クリームを包めばデザートに。
鶏肉とパプリカを煮た具材をパラチンタで巻くのは、
ホルトバージ地方の名物料理。
「合い挽き肉を使うと少し重めに仕上がります。
好みの挽き肉で作ってください」とドナルドさん。

Hortobágyi Palacsinta
ホルトバージ・パラチンタ
（鶏肉とパプリカのクレープ包み）

材料（4〜5人分）
具材
| 鶏挽き肉（または合い挽き肉）… 500g
| 玉ねぎのみじん切り … 90㎖
| トマトの角切り … 300g
| パプリカ（赤）の粗みじん切り … 1/2個分
| ピーマンの粗みじん切り … 1個分
| パセリのみじん切り … 大さじ2
| パプリカパウダー … 45g
| 水 … 250㎖
| サワークリーム … 125㎖
| 塩 … 適量
| 黒胡椒 … 適量
| オリーブオイル … 適量
ソース
| 薄力粉 … 65㎖
| サワークリーム … 250㎖
パラチンタ
| 薄力粉 … 125㎖
| 卵 … 4個
| 牛乳 … 250㎖
| 水 … 30㎖
| 塩 … 少々
付け合わせ
| 焼きミニトマト … 適量
| パセリのみじん切り … 適量
| サワークリーム … 適量
| パプリカオイル* … 適宜

＊パプリカオイルはオリーブオイルでパプリカパウダーを煮て、オイルに香りを移して濾したもの。

1 具材を作る。フライパンにオリーブオイルを入れ、中火で熱する。玉ねぎを加え、ときどき混ぜながら透き通るまで炒める。

2 挽き肉を加え、細かくほぐしながら焼き色がつくまで炒める。

3 トマト、パプリカ、ピーマン、パセリ、パプリカパウダーを加えて炒め、香りが立ったら、分量の水を加える。ときどき混ぜながら10分ほど煮て、とろみがついたらサワークリーム、塩、黒胡椒で味を調えて火を止める@。粗熱が取れたら、ザルで濾し、肉と煮汁に分けるⓑ。

4 ソースを作る。鍋に3の煮汁とソースの材料を入れて中火にかける。なめらかになるまで泡立て器で混ぜる。とろみがついたら火を止める。

5 パラチンタを作る。ボウルにすべての材料を入れ、泡立て器でなめらかになるまで混ぜる。

6 テフロン加工のフライパンに油小さじ1/4（分量外）を入れ、中弱火で熱する。生地をお玉1杯程度入れて薄くのばしⓒ、表面が乾いてきたら裏返してほんのりきつね色になるまで焼き、取り出す。残りの生地も同様に焼き、必要に応じてフライパンに油適宜を足す。

7 パラチンタを1枚広げて汁気をきった3の肉をのせⓓ、ひと巻きして左右を折り、さらに巻く。

8 半分に切って皿に盛り、温めた4のソースを回しかける。焼きミニトマトとサワークリームを添え、パセリを散らし、好みでパプリカオイルを垂らす。

Hungary

（43）

ハンガリーの母の味といったら、このグヤーシュ。
牛肉と野菜を煮込んだビーフシチューのような料理で、
たっぷりとパプリカパウダーを入れるのがポイント。
見た目は真っ赤だが、辛くなく、野菜の甘みを感じる。

Gulyás

グヤーシュ（牛肉と野菜のパプリカ煮込み）

材料（4人分）

牛もも肉（ブロック）… 400g
玉ねぎ … 2個
じゃがいも … 2個
にんじん … 2本
セロリ … 1/2本
トマト … 1個
ピーマン … 1個
ローリエ … 3枚
パプリカパウダー … 20g
キャラウェイパウダー … 3g
チリペッパー … 3g
塩 … 適量
黒胡椒 … 適量
油 … 適量
万願寺唐辛子 … 1本

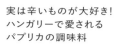

**実は辛いものが大好き！
ハンガリーで愛される
パプリカの調味料**

辛いパプリカと塩で作ったハラゴス
ピシュタ（右）。辛いのが苦手な人
には甘いパプリカと塩で作ったエゴ
スアンナ（左）もある。グヤーシュ
を食べる際、好みの辛さにしたいと
きや風味を足したいときに使う。

1　玉ねぎはみじん切りにする。じゃがいもは小さめのひと口大に
　　切り、にんじん、セロリ、トマトは1cm角に切る。ピーマンは
　　ヘタと種を取り、粗みじん切りにする。牛肉は2cm角に切る。

2　鍋に油を入れて中火で熱し、玉ねぎを透き通るまで炒める。焦
　　がさないように注意しながら、パプリカパウダーを加えてさら
　　に炒める。香りが立ったら牛肉を加え、表面が白っぽくなるま
　　で炒める⒜。

3　被る程度の水適量（分量外）、トマト、ピーマンを加える。弱
　　火にし、牛肉がやわらかくなるまで1時間半ほど煮込む。

4　にんじん、セロリ、ローリエ、キャラウェイパウダー、塩、黒
　　胡椒を加えて味を調える。

5　水適量（分量外）を足し、野菜がやわらかくなったらじゃがい
　　もを加える。さらにじゃがいもに火が通るまで煮る。

6　食べる10分ほど前にチリペッパーを加えて火を止める⒝。5
　　〜10分置いて味を馴染ませ、器によそう。斜め薄切りにした
　　万願寺唐辛子をのせる。

Tojásos Nokedli

Uborkasaláta

Paprikás Csirke

夜ごはん

ハンガリー語で"パプリカーシュ"とはパプリカ、"チルケ"とは鶏肉という意味。
パプリカパウダーをたっぷり使うので、ハンガリー料理らしく真っ赤な見た目。
スープは濾してから仕上げに鶏肉と合わせる。
野菜がもったいないように感じるが、スープに旨みが十分移っているので使わない。
合わせるのは、ハンガリーのパスタの卵麺、トヤーショシュ・ノケドリ。
とてもやわらかい生地で専用の道具で作る。
ハンガリーでは各家庭で作られ、スープや煮込みなどの料理に添えられる麺。
きゅうりとサワークリームのさっぱりしたウボルカサラダを添えてどうぞ。

Paprikás Csirke

パプリカーシュ・チルケ
（鶏肉のパプリカ煮込み）

材料 （4人分）
鶏もも肉（骨付き）… 4本
玉ねぎ … 2個
トマト … 2個
パプリカ（赤）…1/2個
ピーマン … 1個
にんにく … 1片
パプリカパウダー … 9g
マジョラムパウダー … 2g
塩 … 適量
黒胡椒 … 適量
油 … 大さじ4
A
　サワークリーム … 150ml
　薄力粉 … 大さじ2
　水 … 100ml

1 玉ねぎはみじん切りにする。トマトはヘタを取り、4等
分のくし形切りにする。パプリカとピーマンはヘタと種
を取り、縦半分に切る。にんにくは薄切りにする。鶏肉
は関節の部分に包丁を入れ、切り離す。

2 フライパンに油を入れて中火で熱し、玉ねぎを透き通る
まで炒め、パプリカパウダーを加えて炒める。

3 鶏肉を加えて炒め合わせ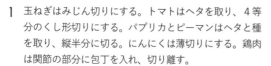、トマト、パプリカ、ピー
マン、にんにくを加えてひと混ぜし、マジョラムパウダ
ー、塩、黒胡椒、被る程度の水（分量外）を加える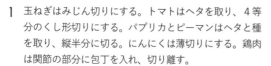。
蓋をして鶏肉がやわらかくなるまで45分ほど煮る。途
中水分が少なくなってきたら、水適宜を足す。

4 鶏肉がやわらかくなったら、火を止める。鶏肉を取り出
し、煮汁はザルで濾す。野菜は捨て、煮汁を鍋に戻
し入れる。

5 ボウルにAを合わせ、なめらかになるまで混ぜる。煮汁
適量を加えて濃度を薄め、濾しながら4の煮汁に加
える。再度鍋を火にかけて少しとろみが出るまで混ぜな
がら加熱し、塩で味を調える。とろみが強い場合は水適
宜を足して調整する。

6 器に鶏肉を盛り、5のソースを流し入れる。トヤーショ
シュ・ノケドリとウボルカサラダを添える。

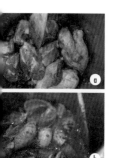

Tojásos Nokedli

トヤーショシュ・ノケドリ
（ハンガリーの卵麺）

材料 （4人分）
A
　薄力粉 … 200g
　卵 … 2個
　塩 … ふたつまみ
水 … 120ml
パセリのみじん切り … 適量

1 ボウルにAを入れ、水を少しずつ加えながらヘラで混ぜ
る。混ぜ過ぎると、グルテンが出るので、さっくりと混
ぜるのがコツ。でき上がった生地はホットケーキ生地の
ようにゆるい状態になる。

2 鍋にたっぷりの湯を沸かす。沸騰したら弱火にし、塩適
量（分量外）を加えて混ぜる。

3 シュペッツレメーカーの穴を通して1の生地を2の湯に
少しずつ落としていく。麺同士が
くっつかないようにときどき混ぜ、
麺が浮いてきたらザルに上げて流水
で洗う。麺同士がくっつかないよう
に油適量（分量外）を回しかけて混
ぜる。

4 器に盛り、パセリをふる。

Uborkasaláta
ウボルカサラダ

材料 （4人分）
きゅうり … 2本
にんにく … 3片
ディル … 適量
パプリカパウダー … 少々
A
　サワークリーム … 125ml
　酢 … 大さじ1
　砂糖 … 小さじ2
　塩 … 小さじ1

1 きゅうりは薄切りにし、にんにくはすりおろす。

2 ボウルに1を入れ、Aを加えて混ぜる。

3 器に盛り、サワークリーム（分量外）とディルをのせ、
パプリカパウダーをふる。

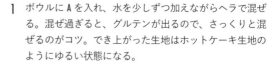

ハンガリーには今回紹介するマーコシュ・グバのほかに、
ケシの実を巻き込んだ焼き菓子、ベイグリも有名。
今回紹介するデザートは残ったパンで作れるもので、
ドナルドさん曰く「残ったパンを無駄なく使うレシピ」とのこと。
ほんのり甘いバニラクリームとケシの実の食感が小気味よく、
食後でも食べられる軽い味わい。

Mákos Guba

マーコシュ・グバ
（ハンガリーの焼きプディング）

材料（4人分）
ロールパン … 6〜8個（パンは袋から
　出してひと晩置き、乾燥させる）
ケシの実（青）… 150g
レモンの皮のすりおろし … 1/2個分
オレンジの皮のすりおろし … 1/2個分
牛乳 … 500㎖
バター（無塩）… 100g
卵黄 … 3個分
粉砂糖 … 150g
バニラシュガー … 小さじ2
　（または砂糖とバニラエッセンス数滴で代用）
バニラクリーム
　牛乳 … 500㎖
　粉砂糖…150g
　バニラシュガー … 小さじ1
　（または砂糖とバニラエッセンスで代用）
　卵黄 … 2個分
　薄力粉 … 大さじ1
　シナモンパウダー … 小さじ1

バニラシュガーは
バニラ風味の砂糖。

1　乾燥させたパンは3cm角に切り、ケシの実、レモンの皮、オ
　レンジの皮とともにボウルに入れて軽く混ぜる。

2　鍋に牛乳とバターを入れ、中火にかけ、沸騰しないように温める。

3　別のボウルに卵黄、粉砂糖、バニラシュガーを入れてなめらか
　になるまで泡立て器で混ぜ、2の鍋に少しずつ加えながら混ぜ
　合わせⓕ。混ざったら鍋を火から下ろす。

4　3をパンのボウルに加え、底から混ぜるようにしてパンに卵液
　を吸わせⓖ、耐熱皿に入れる。

5　オーブンを100℃に予熱し、4を入れて20分ほど焼く。

6　バニラクリームを作る。ボウルに牛乳、粉砂糖、バニラシュガ
　ーを入れて混ぜ、湯煎にかけて温めるⓗ。別のボウルに卵黄
　と薄力粉を入れて混ぜ、温めた牛乳を少し加えて濃度を薄め
　ⓘ、湯煎にかけている牛乳に加える。泡立て器でとろみがつ
　くまで混ぜ、仕上げにシナモンパウダーで香りをつける。

7　焼き上がったら5にバニラクリームを回しかけ、好みですりお
　ろしたレモンの皮とオレンジの皮（分量外）をふってもよい。

Hungary

マーコシュ・グバよりもラフなおや
つ、ラーンゴシュ。発酵させた生地
を揚げてサワークリームを塗り、チ
ーズを散らして食べるもので、食感
はまさに軽いドーナツ。屋台でもよ
く売られていて、ジャムを塗ったり、
粉砂糖をふったり、ハムやソーセー
ジをのせたりして食べる。

（47）

Bulgaria

Bĸусно

おいしい：フクスノ

アントニオさん
Antonio

ブルガリア北東部、黒海に面するヴァルナ出身。子どもの頃から日本のテレビゲーム、アニメや漫画に興味を持ち、15歳から日本語を学ぶ。奨学金を得て、日本の大学に進学予定だったが、東日本大震災が起きてキャンセルに。その後、母国の大学に進学するも諦めずに道を模索し、2014年に日本に留学。日本で大学と大学院を卒業する。現在は、妻と2人の子どもと日本で暮らし、フリーランスで通訳・翻訳者、ツアーガイドやモデルに役者、ブルガリア親善大使など幅広く活躍中。

アジアとヨーロッパを結ぶ場所に位置するバルカン半島。その東部にあり、黒海に面するブルガリアは、変化に富んだ地形と豊かな自然環境のおかげで、食材も豊か。ヨーグルトやチーズをたくさん食べることで知られており、肉や魚、季節の野菜も豊富。隣接するギリシャやトルコの食文化の影響も色濃く、共通する料理もありますが、そこにはブルガリア独自のレシピがあります。アントニオさんにとって故郷の味だというムサカもそのひとつ。

「ムサカというと、ギリシャ料理のなすとミートソースを重ねた料理で知られていますが、ブルガリアのムサカにはなすは使わず、玉ねぎやにんじん、じゃがいもなどをたっぷり加えたミートソースの上に、ヨーグルトと卵のソースをかけて焼き上げます。このブルガリアのムサカもとてもおいしいんですよ」

ヨーグルトはアントニオさん曰く「日本の味噌のようなもの」。あらゆる料理に加える調味料のような存在で、料理をまろやかに仕上げ、ほんのりとした酸味を加えます。「ヨーグルトとチーズをたっぷり食べるのがブルガリアの食文化の特徴。スーパーに行けばたくさんの種類が売っています。また、肉や野菜はもちろん、黒海に面しているのでシーフードもよく食べます。黒海の魚のスープは僕の好物です」

ブルガリア料理について教えてくれるアントニオさんですが、実は料理を始めたのは日本に移住してからだそう。日本でいろいろな人に「ブルガリアってどんな国？」と聞かれるようになってあらためて母国の文化に向き合ったといいます。「文化を知ってもらうには料理を食べてもらうのが一番！」とブルガリア料理を作るようになり、レシピブックを見て研究したり、ときにはお母さんに教えてもらったりしながら、料理の腕を磨いてきました。

今回は、試行錯誤しながら自分のブルガリア料理の味を追求しているアントニオさんが、故郷でよく食べていた料理にアレンジを加えた朝、昼、夜ごはんのメニューを紹介してくれます。

黒海に面したアントニオさんの故郷は「夏の首都」と呼ばれるビーチリゾート。写真は景色のよいレストランのテラス席で家族とランチを楽しむひととき。

アントニオさん作のムサカ。こんがり焼き目がついたヨーグルトと卵のソースは、コクがありながらさっぱりとした風味が特徴。

ブルガリアではよくパン屋さんで
売っているというバニツァ。
アントニオさんも学生時代によく食べていたそう。
ブルガリアの白いチーズを使ったフィリングを
フィロというごく薄い生地で巻いて焼いたもの。
巻くことで生地が何層にもなり、
表面はパリパリ、中はしっとり。
今回は定番のチーズのフィリングにほうれん草を加えて。

Banitsa
バニツァ（ブルガリアのパイ）

材料（4～5人分）
フィロ（市販品）… 8～10枚
フェタチーズ … 200g
ほうれん草 … 200～250g
卵 … 2個
油 … 適量

1 ほうれん草は茹でてしっかり水気を絞り、みじん
   切りにする ⓐ。オーブンを180℃に予熱する。

2 ボウルにフェタチーズを入れ、フォークを使って
   崩し、1と卵を加えてよく混ぜる ⓑ。

3 フィロを1枚広げて表面に油を塗る。その上にも
   う1枚重ね、2のフィリング適量をのせたら ⓒ、
   くるくると巻く ⓓ。残りのフィリングも同様に
   フィロで巻く ⓔ。

4 天板に油を塗り、3を並べる。表面にも油を塗っ
   て、温めたオーブンで30分ほど焼く。

パイ生地の元祖ともいえる「フィロ」

フィロは、薄力粉と水で作られた生地を
薄くのばしたパイ生地。春巻きの皮のよ
うな質感で、何層にも重ねて焼くことに
より、サクサクとした食感を生む。中東
やバルカン諸国などで使われる。

Bulgaria

（49）

昼ごはんには、サラダとスープ、
あるいは卵料理などが定番メニュー。
ショプスカ・サラダはブルガリア料理の
代表選手ともいうべきサラダ。
トマトの赤、きゅうりの緑にチーズの白の3色は
ブルガリアの国旗の色でもある。
ピレシュカ・スパは、
ヨーグルトと卵で仕上げたチキンスープ。
まろやかな味わいの中に
パプリカパウダーの風味がアクセント。

Shopska Salad
ショプスカ・サラダ
（ブルガリアの3色サラダ）

材料 （2人分）
フェタチーズ … 150g
きゅうり … 2本
ピーマン … 1個
玉ねぎ … 1/2個
ミニトマト … 10個
レタス … 3枚
白ワインビネガー … 大さじ1
オリーブオイル … 大さじ1
塩 … 適量
白胡椒 … 適量

1　きゅうり、ピーマン、玉ねぎは小さめのひと口大に
　　切る。ミニトマトは半分に切る ⓐ。

2　1をボウルに入れ、白ワインビネガー、オリーブオ
　　イル、塩、白胡椒を回しかけ、よく混ぜる ⓑ。

3　皿にレタスを敷き、2を盛る。仕上げにフェタチー
　　ズを手で崩しながらのせる ⓒ。

**ブルガリアの冷蔵庫に必ずあるのは
「スィレネ」と「ヨーグルト」**

ブルガリア語でスィレネと呼ばれる真っ
白いチーズは、山羊や水牛、羊の生乳か
ら作られたフレッシュチーズ。酸味と塩
気が強く、料理のアクセントになる。ギ
リシャのフェタチーズで代用できる。ま
たヨーグルトも欠かせない食材。スーパ
ーにはメーカー各種のヨーグルトがずら
りと並ぶ。そのまま食べるだけでなく調
味料としても料理にもよく使う。

Pileshka Supa

ピレシュカ・スパ（チキンスープ）

材料（4人分）
鶏もも肉 … 大2枚（600g）
卵 … 1個
プレーンヨーグルト（無糖）… 400g
薄力粉 … 大さじ3
パプリカパウダー … 大さじ1
塩 … 適量
油 … 大さじ2
水 … 1.5ℓ
レモン … 適量

1 鍋に鶏肉と水を入れて中火にかける。沸騰したら弱
　火で30分ほど煮る⒟。

2 ボウルに卵を溶きほぐし、プレーンヨーグルトと薄
　力粉を加えてよく混ぜる⒠。

3 1の鍋から鶏肉を取り出し、細かくほぐす⒡。茹
　で汁は塩で味を調える。

4 鍋にほぐした鶏肉を戻し入れ、2のボウルに茹で汁
　をお玉2〜3杯加えて濃度を薄めてから、鍋に加え
　る⒢。

5 沸騰したら火を止め、パプリカパウダーと油を加え
　て混ぜる⒣。器によそい、好みでパプリカパウダ
　ー（分量外）をふり、レモンを搾って食べる。

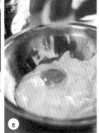

Bulgaria

（51）

家族や友人とのんびり過ごす夜ごはんに挽き肉料理のキュフテ。
パセリやセイボリーはブルガリアの肉料理によく使われるハーブ。
香ばしくグリルしたこのミートボールには、
中近東の食文化の影響を感じさせるクミンの風味も効いている。
ブルガリアの赤ワインがとてもよく合う一品。

Kyufte
キュフテ（スパイシーミートボール）

材料 （2人分）
合い挽き肉 … 400g
卵 … 1個
玉ねぎのみじん切り … 1/2個分
バゲット … 1/3本
クミンパウダー … 大さじ2
セイボリー（乾燥）… 小さじ1
パセリのみじん切り … 大さじ2
塩 … 適量
黒胡椒 … 適量
サラダ
　レタス … 適量
　にんじん … 適量
　レモン汁 … 適量
　塩 … 適量
　オリーブオイル … 適量

1　バゲットはボウルに入れて水（分量外）に浸す。

2　別のボウルに挽き肉、卵、玉ねぎを入れて混ぜる。クミンパウダー、セイボリー、黒胡椒を加えてさらに混ぜる⒜。

3　1のバゲットの水気を絞って手で細かくちぎり、2に加えてよく混ぜる⒝。パセリと塩も加えてしっかり混ぜる。

4　3を10〜12等分にして丸め、平たく成形する⒞。

5　魚焼きグリル、またはオーブントースターで肉に火が通り、表面にカリッと焼き目がつくまで、両面を7〜8分ずつ焼く。

6　サラダを作る。ピーラーで薄くスライスしたにんじんとせん切りにしたレタスをレモン汁、塩、オリーブオイルで和える⒟。5と皿に盛り、好みで薄切りにしたバゲット（分量外）と食べる。

(52)

ブルガリア料理に欠かせない
ハーブ「セイボリー」

和名はキダチハッカ。ハッカといってもミントとはまったく違う爽やかさにスパイシーさが混じり合った香りが特徴。ブルガリアではチュブリツァとも呼ばれ、煮込み料理や肉料理などには必ず使われるハーブだ。

Bulgaria

Türkiye

Güzel

おいしい：ギュゼル

ギュルさん
Gül

トルコ南部・ハタイ県出身のギュルさん。大学卒業後、以前より興味のあった日本へ勉強のため来日。日本で出会ったトルコ人の男性と結婚し、出産。日本での育児、初めてのお弁当作りにも挑戦し、今ではすっかり日本の生活に溶け込んだ日々を送る。日本のより多くの方にトルコ料理を知ってもらいたいと、ニキズキッチンの講師のかたわら、料理の専門学校にてトルコ料理を教えている。

撮影当日に香り高いローズティーとウエルカムスナックを用意してくれたギュルさん。スナックは水きりヨーグルト、オリーブ、デーツ、イタリアンパセリをのせたパンにたっぷりオリーブオイルをかけたもの。甘くて少し塩気があって、クセになるおいしさ。

オスマン帝国時代にアジアとヨーロッパの食文化を融合する形で発展したトルコ料理は、フランス料理と中華料理とともに世界三大料理のひとつとしても知られています。「トルコは、国民の99％がイスラム教徒のため豚肉は食べませんが、牛肉、鶏肉、そして季節折々の野菜、特産物のナッツやオリーブ、そしてバター、ヨーグルトをふんだんに使った料理が特徴です。そして"カフヴァルトゥ"は世界でも豊かな朝ごはんといわれるトルコの伝統的な朝食。いろいろな種類のパンに、チーズ、オリーブ、はちみつ、ジャム、そして紅茶などがテーブルにのりきらないほど並べられ、時間をかけて食する文化が今も残っています。もちろん、平日はそんな時間はありませんが、日曜日の朝は家族や友人などと、おしゃべりと食事を楽しむことが多いです。レストランで食べることもあるし、友人の家に招かれることもあり、そんなときはお菓子やケーキを焼いてお土産にすることもあります」とギュルさん。

仕事をしている人は昼ごはんを食べる人もいますが、しっかり朝ごはんを食べたときは、昼ごはんを食べない人が多いそう。それほど朝ごはんが大切な国。

「昼ごはんはあまり重要でなく、お腹が空いたときに食べる感じなので、日本に来た当初はみなさんがきちんと昼ごはんを食べるのに驚きました。もしトルコなら、お腹が空いたときは手軽なシミット（トルコのベーグル）やドネルケバブ（ケバブのサンドイッチ）などを食べるでしょうね。その分夜ごはんはしっかりと食べます。食後のあとは紅茶を飲みながらおしゃべりするのも好きですね。簡単に作れるボレック（トルコのパイ）やマントゥ（トルコの餃子）が子どもにも大人にも人気のメニューです」

大人数で集まる機会が少ない日本での暮らしは、たまに寂しく感じるというギュルさんですが、トルコ料理をもっと知ってもらうためにニキズキッチンでのクラスも積極的に開催。そのギュルさんのおいしい料理と人柄にたくさん生徒さんが集まります。

左／ギュルさんが淹れてくれたコーヒー。添えられているお菓子は、トルコの伝統菓子、ロクム。砂糖、ナッツ、コーンスターチで作られ、甘くてグミと求肥がミックスしたような食感。中／トルコのコーヒー、ターキッシュコーヒーは粉を煮出して作るのが特徴。2013年に無形文化遺産にも登録されていて、トルコ語でテュルク・カフヴェスィという。右／コーヒーカップのモチーフはチューリップ。チューリップの原産地はオランダだと思っている方も多いが、実はチューリップはトルコ原産の花で、国花にもなっている。

Menemen

Pide Ekmek

朝ごはん その1

トルコの朝ごはんで定番の卵料理のメネメンは、玉ねぎやトマトなどが入ったスクランブルエッグ。
「日本でいう卵焼きみたいな料理です」とギュルさん。
パンやごはんと一緒に食べるそうで、今回はほんのり甘くてふかふか、
トルコのパン、ピデ・エキメッキも焼き立てを用意してくれた。
メネメンの卵は好みで混ぜずに、目玉焼きにして仕上げてもよいとのこと。

Menemen
メネメン（トルコのスクランブルエッグ）

Pide Ekmek
ピデ・エキメッキ
（トルコの平たいシンプルパン）

材料（2人分）
卵 … 2個
トマト … 2個
玉ねぎ … 1個
しし唐辛子 … 1パック
塩 … 小さじ1
チリペッパー … 小さじ1
ピザ用チーズ … 50g
イタリアンパセリの粗みじん切り … 適量
バター（有塩）… 大さじ3

1 トマトはヘタを取って皮をむき、1cm角に切る。玉ねぎはみじん切りにし、しし唐辛子はヘタを取って小口切りにする。

2 フライパンにバター大さじ2を入れて中火で熱し、玉ねぎを炒める。玉ねぎが透き通ってきたら、しし唐辛子、トマトを順に加えて炒め合わせる⒜⒝。

3 トマトが煮崩れてきたら、卵を割り入れて軽く混ぜ、塩とチリペッパーで味を調える。

4 仕上げに残りのバターをちぎりながらのせ、ピザ用チーズとイタリアンパセリを散らす。好みでチリペッパー少々（分量外）をふる⒞。皿に盛り、ピデ・エキメッキを添える。

材料（直径15cmの丸形・4個分）
強力粉 … 550g
水 … 510ml
ドライイースト … 8g
砂糖 … 大さじ1
塩 … 大さじ1
A
┃ 卵黄 … 1個分
┃ プレーンヨーグルト（無糖）… 大さじ2

1 ボウルに分量の水、ドライイースト、砂糖を入れて混ぜ、10分ほど置く。

2 塩を加えて混ぜ、強力粉を少しずつ加えてよく混ぜ、ラップを被せて1時間ほど置き、発酵させる。

3 生地が2倍程度に膨らんだら、空気を抜いて4等分にして丸める。濡れブキンを被せて30分ほど休ませる。

4 オーブンを230℃に予熱する。Aを混ぜ、3の表面に塗り、温めたオーブンで18〜20分焼く。

トルコの豊かな朝ごはん、カフヴァルトゥをギュルさんの料理教室にて紹介した写真。チーズやオリーブにジャム、ヨーグルト、そして焼き立てのピデ・エキメッキがテーブルいっぱいに並べられた。

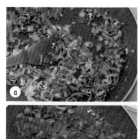

トルコ版チーズフォンデュ、クイマックはのびるチーズが食欲をそそる一品。
黒海地方東部は放牧に適した緑や高原が多く、
牛や羊、山羊の飼育に適した地域で、トルコはバターやチーズが豊富な国。
ポイントはとうもろこしの粉を使うことと、バターをたっぷり使うことにある。
「とうもろこしの粉は何のため？」と聞くと、
「お腹がいっぱいになるため」とギュルさん。
冷めてかたくなったら、水とバターを加えて温め直すとよいそう。

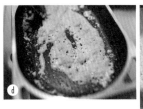

Kuymak
クイマック（トルコのチーズフォンデュ）

材料（2人分）
とうもろこし粉（細挽き）… 大さじ3
塩 … ひとつまみ
水 … 300mℓ
バター（有塩）… 大さじ3
A
　モッツァレラチーズ（固形）… 100g
　ピザ用チーズ … 70g

1 フライパンにバター大さじ2を入れ、中火で熱する。バターが溶けたら、とうもろこし粉を加えてよく炒める⒟。

2 色が濃くなったら塩と分量の水を少しずつ加え⒠、ダマにならないように絶えずかき混ぜる。

3 とろみがついたらAを加え、チーズがのびるまで混ぜながら加熱する。チーズがのびたら、残りのバターを加えて混ぜ、熱いうちに食べる。

Türkiye

（57）

19世紀末、オスマン帝国時代に
トルコ北西部のブルサの職人によって考案された料理、
イスケンデル・ケバブ。
ケバブはトルコ発祥の料理で、肉や魚、野菜を焼いたものの総称。
家庭でもよく作られ、ひと口大に切ったピデ・エキメッキや
ごはんの上にたっぷりとかけて食べるソウルフード。

İskender Kebap
イスケンデル・ケバブ

材料 （2人分）
牛薄切り肉 … 400g
下味
　玉ねぎのすりおろし … 1/2個分
　プレーンヨーグルト（無糖）… 大さじ2
　オリーブオイル … 大さじ1
　タイム（乾燥）… 小さじ1
　クミンシードパウダー … 小さじ1
　塩 … 小さじ1
　黒胡椒 … 小さじ1
ソース
　バター（有塩）… 大さじ3
　薄力粉 … 大さじ1
　トマトペースト … 大さじ2
　塩 … 小さじ1/2
　黒胡椒 … 小さじ1
　チリペッパー … 適量
　湯 … 200㎖
トマト … 1個
ピーマン … 1個
バター（有塩）… 大さじ1
ピデ・エキメッキ（p.56参照。またはフランスパン）… 適量
水きりヨーグルト … 適量

1　ボウルに牛肉と下味の材料を入れて混ぜ、ラップを被せて2時間ほど冷蔵庫に置く。ひと晩置くと、さらに味が染み込む。

2　フライパンを中火で熱し、十分に温まったら1を焼く。肉に火が通ったらバターを加えて火を止める⒜。

3　ソースを作る。別のフライパンを中火で熱し、バターを入れる。バターが溶けたら薄力粉を加えて混ぜ、トマトペースト、塩、黒胡椒、チリペッパーを素早く加えて混ぜる⒝。

4　分量の湯を少しずつ加えて混ぜ、沸騰したら火を止める。

5　トマトは1㎝厚さの輪切りにする。ピーマンはヘタと種を取って2㎝幅に切り、それぞれフライパンで香ばしく焼く。

6　ピデ・エキメッキはひと口大に切り⒞、皿に広げる。2をのせて熱々のソースを回しかけ⒟、焼いたトマトとピーマン、水きりヨーグルトを添える。

大きなじゃがいもで作るトルコのポテトフード。
おやつに食べることもあるし、勉強に忙しい学生の夜食としても大人気。
蒸したじゃがいもにバターとピザ用チーズを混ぜたものに、
ソーセージやピクルス、野菜をトッピングし、ケチャップとマヨネーズをかける。
屋台でも売られている人気のスナックで、満腹感は保証付き！
ギュルさんも学生時代によく食べたそう。
今では2人の娘の大好物のひとつとなっている。

Kumpir

クンピル
（トルコのベイクドポテト）

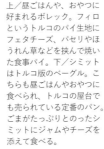

上／昼ごはんや、おやつに好まれるボレック。フィロというトルコのパイ生地にフェタチーズ、パセリやほうれん草などを挟んで焼いた食事パイ。下／シミットはトルコ版のベーグル。こちらも昼ごはんやおやつに食べられ、トルコの屋台でも売られている定番のパン。ごまがたっぷりとのったシミットにジャムやチーズを添えて食べる。

材料（2人分）
じゃがいも … 大2個
バター（有塩）… 大さじ2
ピザ用チーズ … 100g
ミックスベジタブル（冷凍）… 60g
水きりヨーグルト … 大さじ2
ソーセージ … 2本
オリーブ（スライス）… 適量
きゅうりのピクルス … 適量
マヨネーズ … 適量
トマトケチャップ … 適量
油 … 適量

1 じゃがいもは皮をむき、ひと口大に切る。鍋に入れ、じゃがいもが浸る程度の水（分量外）を加えて茹でる。じゃがいもがやわらかくなったら鍋に残った水気を飛ばす(e)。

2 じゃがいもをヘラで軽く潰し、バターとピザ用チーズを加え、なめらかになるまで混ぜて火を止める(f)。

3 器に解凍して水気をきったミックスベジタブル、水きりヨーグルト、マヨネーズを加えて混ぜる(g)。

4 フライパンに油を入れて中火で熱し、1cm幅に切ったソーセージを香ばしく炒める。

5 器に2を入れ、3、4、オリーブ、5mm幅の輪切りにしたきゅうりのピクルスをのせ、トマトケチャップとマヨネーズをかける(h)。

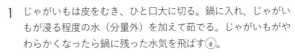

Palestine

لذيذه
おいしい：ラディーザ

イプティサムさん
Ibtisam

エレガントな民族衣装で出迎えてくれたイプティサムさん。パレスチナでは教師として働いていた才色兼備。大使館にお勤めの夫の赴任で日本へ。敬虔なるムスリマ（イスラム教を信仰している女性）で1日5回のお祈りも欠かさない。「礼拝すると気持ちが落ち着きます」とイプティサムさん。パレスチナにいたときは親戚と一緒に暮らしていたといい、安全な日本での生活に満足している半面、寂しさも感じるという。現在は祖母、母から受け継いだパレスチナの家庭料理を教えている。

「パレスチナの朝ごはんは、コーヒーを飲むところからスタートし、すぐに朝ごはんの支度をします。人気のメニューはひよこ豆のコロッケのファラフェルや、ザータルというミックススパイスをたっぷり塗った自家製パン、マナイーシ・ザータル。オリーブやピクルス、チーズ、茹で卵などを食卓にたくさん出して、各自好きなものを選んで食べるスタイルです」とイプティサムさん。

なんともぜいたくな朝ごはんでうらやましい限り。夜ごはんは軽めとのことですが、昼ごはんはエネルギーを使う主食とあって、一番大切にされています。

「パレスチナでは、勤務時間や学校の時間が異なりますが、日曜日は家族全員が揃って家で昼ごはんを食べることができます。羊肉、鶏肉などをメインにした肉料理が多いです。今回紹介するマクルーバもそのひとつ。"マクルーバ"とはアラビア語でひっくり返すという意味。大きな鍋にスパイスで煮た鶏肉、揚げた野菜、そして米を、ひっくり返したときにきれいになるように重ねて炊き込みます。でき上がった重い鍋をひっくり返すのは、男性の仕事です。けっこう迫力があるので、日本の方は驚いてくれ、食べ応えも十分あります」

イスラム教徒のイプティサムさん、ラマダンの期間は厳格な断食を行います。

「年に1度、約1か月の間は夜明けから日没まで断食を行い、自分自身を見つめ、よりよい自分になるために心身を清めるとき。この期間中は夜明け前に軽い食事をし、日没後に大きなごちそうを楽しみます。つまり、1日に2回しか食事をしません。健康的に難しい小さな子どもや高齢者は例外ですが、10歳になった子どもは大人と一緒にこのラマダンを行います。ラマダン中は朝が早くスタートするので、いつもよりも早く学校や仕事が終わり、日没後の夜ごはんまで家族でゆっくり過ごすんです」

水もいっさい飲まないそうなので、さぞかし大変だろうと想像してしまいますが、断食で臓器を休めることができ、食事もすごくおいしく感じられるのだという。

「ラマダン明けのとき、気をつけなくてはいけないのは、空腹だからといってすぐにたくさん食べてしまうこと。身体がびっくりしてしまうので、紅茶やデーツなどで身体を慣らしてから食事をしますよ。デーツは栄養価が高いので、普段のスナックとしても常備している家庭が多いです」と教えてくれました。

今回紹介してくれた3食は教室でも人気のレシピ。異国の香りとともにパレスチナに思いをめぐらせながらいただきました。

上／装飾が美しいパレスチナの茶器で、コーヒーを淹れてくれた夫のヒシャムさん。左手でポットを持ち、右手でカップを持つのがマナーだそう。下／パレスチナのお菓子は甘みが強いが、コーヒーとの相性は抜群。バクラヴァは幾重にも重ねた薄い生地に刻んだクルミやピスタチオなどを挟んで焼き、甘いシロップをたっぷりとかけたお菓子。春巻きの皮を使って手作りしてくれた。

セモリナ粉とココナッツパウダーを使ったお菓子、バスボスィ。ココナッツがふわっと香り、しっとりとした甘い生地が美味。

Manakish Zaatar
マナイーシ・ザータル
（ミックススパイスをのせたパン）

材料（直径10cmの丸形・6〜7枚分）

マナイーシ・ザータル
　薄力粉（または全粒粉）… 450g
　ドライイースト … 大さじ1
　塩 … 大さじ1
　砂糖 … 大さじ1
　ぬるま湯 … 250〜300㎖
　オリーブオイル … 適量
　ザータル … 適量

レブナ
　プレーンヨーグルト（無糖）… 800g
　塩 … 小さじ1
　オリーブオイル … 適量
　ブラッククミンシード（または黒ごま）… 適量
　ハリッサ* … 適量

付け合わせ
　ルッコラ … 適量
　オリーブ（黒・緑）… 適量
　好みのピクルス … 適量

*ハリッサは唐辛子のペーストをベースに作られる辛味調味料。地中海沿岸の国で使われ、最近では日本でもスーパーで見かける。

ザータルが香ばしい焼き立てのパン。
30分ほどの発酵で手軽に作れるのがよい。
「パレスチナでは近所で共有している窯で焼きます。
本来直火で焼くのがおいしいの」とイプティサムさん。
ヨーグルトのサラダ、レブナをたっぷり添えて食べる。

1　レブナを作る。プレーンヨーグルトはひと晩水きりし、塩を混ぜる。器に入れてオリーブオイルを回しかけ、ブラッククミンシードをふり、ハリッサをのせる。

2　マナイーシ・ザータルを作る。ボウルに薄力粉、ドライイースト、塩、砂糖を入れ、ざっと混ぜる。

3　ぬるま湯を加えて10〜20分捏ねる⒜。表面がなめらかになったら丸め、濡れブキンを被せて30分ほど休ませる。

4　3を打ち粉適量（分量外）をふった台にのせ、6〜7等分にする。平たく丸くのばし⒝、生地全体にフォークで穴をあける⒞。

5　4のパン1枚につき、オリーブオイルとザータル各大さじ2を混ぜたものを塗る⒟。残りのパンにも同様に混ぜたものを塗る。

6　フライパンで底面がカリッとするまで焼き、さらに魚焼きグリルの直火か、220℃に予熱したオーブンで10〜15分こんがりと焼く。皿に盛り、レブナ、付け合わせとともに食べる。

中東で食べられるミックススパイス「ザータル」

西アジア、中東、北アフリカ、その多くで使われているのがザータル（左）。タイム、白ごま、スマック、塩がベースのミックススパイスでマジョラムやオレガノなどのハーブが加わることも。スマック（右）はウルシ科の木に実るフルーツをパウダー状に挽いたもの。少し酸味があり、赤じそのふりかけのように赤黒く、近い香りがする。ザータルは魚や肉の下味、サラダのドレッシングにも使う。

スパイスと鶏肉のだしがたっぷり効いたスープで
米を炊き上げるマクルーバ。
パレスチナでは写真のように大量に作るが、
今回は炊飯器でも作れる
４人分のレシピを紹介してくれた。
肉、野菜、米が入って満腹感もあり、
ひっくり返すときはドキドキする料理。
きゅうりとミントのヨーグルトソースの
サラティッド・ザバディ・ベル・ヒヤールを
かけて食べる。グリーンサラダや、スープなども
一緒に出されるのが一般的。

Palestine

Maqloobeh

マクルーバ
（ひっくり返す炊き込みごはん）

材料（4人分）
鶏もも肉 … 2枚（500g）
バスマティライス* … 240㎖
なす … 大2本
玉ねぎ … 1と1/2個
にんにく … 1/2玉
トマト … 1個
油 … 適量
塩 … 小さじ1
A
| カルダモンパウダー … 小さじ1
| 黒胡椒 … 小さじ1
B
| クローブ … 2粒
| ターメリックパウダー … 大さじ1/2
| オールスパイスパウダー … 小さじ1
| シナモンパウダー … 小さじ1/4
トッピング
| レモンの半月切り … 適量
| パセリの粗みじん切り … 適量
| ローストナッツ（アーモンドや松の実など） … 適量

*バスマティライスは割れやすく浸水しやすい米。優しくさっと洗い、
ザルに上げて水気をきる。普通に炊くときは浸水しない。

1 なすは皮をむいて1㎝厚さの縦切りにし、塩適量
  （分量外）をふる。水気が出てきたらペーパータオ
  ルでふく。玉ねぎ1個は6等分のくし形切りにし、
  残りは粗みじん切りにする。にんにくは皮付きのま
  ま分ける。鶏肉は半分に切る。

2 フライパンに多めの油を入れて中火で熱し、なす、
  くし形切りにした玉ねぎ、にんにくを香ばしく揚げ
  焼きして油をきる@ⓑ。

3 鍋に油適量を入れて中火で熱し、粗みじん切りにし
  た玉ねぎ、鶏肉、塩、Aを入れ©、鶏肉の色が変
  わるまでしっかり炒める。

4 被る程度の水（分量外）を加える。沸騰したらアク
  を取り、弱火にして10分ほど煮るⓓ。

5 鶏肉を取り出し、Bを加えて沸かし、スパイスの香
  りを立たせるⓔ。少し水分を飛ばし、味を見て足
  りないようであれば、塩適量（分量外）で味を調える。

6 炊飯器の内釜に輪切りにしたトマト、皮目を下にし
  た鶏肉、揚げた野菜、さっと洗って水気をきったバ
  スマティライスを順に重ねる。表面を平らに整え、
  5のスープ450㎖を注ぎⓕⓖ、普通モードで炊く。

7 炊けたら内釜を取り出す。大きな皿を被せてひっく
  り返して皿に出し、トッピングをあしらう。各自皿
  に盛り、サラティッド・ザバディ・ベル・ヒヤールを
  添えて混ぜながら食べる。

Salated Zabadi Bel Khiar

サラティッド・ザバディ・ベル・ヒヤール
（ヨーグルトきゅうりのサラダ）

材料（4人分）
プレーンヨーグルト（無糖）
　　…400g
きゅうり…1本
おろしにんにく…1/2片分
ミント（乾燥）…適量
塩…適量
トッピング
　オリーブオイル…適量
　ザータル（p.61参照）…適量
　ミントの葉…適量

1　きゅうりは1cm角に切る。

2　ボウルに1、プレーンヨーグルト、にんにく、ミントを入れて
　　混ぜ、塩で味を調える。

3　器に盛り、オリーブオイルを回しかけてザータルをふり、ミン
　　トの葉をあしらう。

“アライエス” とはアラビア語で花嫁という意味。
パンに好相性の肉をぴったり挟んで焼いたことに
由来するともいわれているが、真相は謎。
今回は牛挽き肉で作ったが、羊肉で作ると、よりエキゾチックな味になる。
挽き肉たっぷりのこの料理には、グリーンサラダを付け合わせるのが一般的。

Arayes
アライエス（ピタパンのケバブホットサンド）

材料 （10個分）
ピタパン … 5枚
牛挽き肉 … 500g
トマト … 大2個
パプリカ（赤） … 1個
ピーマン … 1個
玉ねぎ … 1個
にんにく … 1片
パセリ … 1枝
オリーブオイル … 大さじ1
塩 … 小さじ1
ざくろのモラセス … 適宜
スパイス
　黒胡椒 … 小さじ1/2
　クミンパウダー … 小さじ1/2
　パプリカパウダー … 小さじ1/2
　ナツメグパウダー … 小さじ1/4
　シナモンパウダー … 小さじ1/4
トッピング
　玉ねぎの薄切り … 適量
　ザータル（p.61参照） … 適量
　パセリの粗みじん切り … 適量
　レモンの半月切り … 適量

1　野菜類は、ヘタや種などがあれば取り、フードプロセッサーに入れ⒜、細かくなるまで撹拌する。包丁でみじん切りにしてもよい。

2　ある程度細かくなったら⒝、挽き肉、オリーブオイル、塩、あればざくろのモラセス小さじ2、スパイス類を加え⒞、混ざる程度に軽く撹拌する。

3　ピタパンは半分に切り、それぞれに 2 を等分に挟む⒟。ぴったりと密着させてハケで表面にオリーブオイル（分量外）を薄く塗る。

4　グリルパンまたはフライパンを中火で熱する。十分に温まったら、3 の両面を焼き色がつくまで焼く。さらに180℃に予熱したオーブンで12〜15分焼く⒠。

5　皿に盛り、ザータルで和えた玉ねぎ、パセリ、レモンを散らす。

中東料理の隠し味、甘酸っぱい「ざくろのモラセス」

中東、アフリカ、地中海の料理によく登場するどろっとしたシロップ。ざくろの果汁を煮詰めた糖蜜で、独特の甘酸っぱさが特徴。バルサミコ酢のような感覚で、サラダのドレッシングや料理などに使う。

Uzbekistan

Mazali
おいしい：マザリ

ウズベキスタンは、シルクロードの交差点としてさまざまな文化が混ざり合ってきた地域です。食文化も多彩で、古くから農業や牧畜が盛んなのだとディーリャさんは教えてくれます。

「川沿いの盆地やオアシスでは麦類やとうもろこし、米をはじめとした農業、砂漠のエリアでは羊や牛の牧畜が盛んです。なにより果物がたくさん採れるので、食卓に旬の果物は欠かせません。ウズベキスタンの料理では肉や油を多く使いますが、その分サラダや果物をたっぷり食べて、バランスを取っているんです」

ウズベキスタンの主菜はじっくりと時間をかけて調理することが多く、また作り置きの習慣もないそう。そのため基本的に主菜は作り立てを1品。それに主食のノンと呼ばれる平たくて丸いパン、サラダ数種にフルーツ類が並びます。サラダはサラートと呼ばれ、ウズベキスタンでは生の野菜を使う料理全般を指すんだとか。例えば、「男のわがままを叶えるサラダ」という、卵に牛肉、チーズや玉ねぎを使ったボリュームたっぷりの一品もサラートのひとつ。そういった各種料理を食べるのは昼か夜で、朝ごはんは軽く済ませる人が多いようです。

「私の好きな朝ごはんのメニューは、焼き立てのノンにサワークリーム、ジャム、果物をのせたもの。ノンは買ってくることもあるし、手作りする人も多いですね。昼ごはんは自宅に戻って食べたり、街のレストランで食べたりします。外食なら、プロフ（米料理）やソムサ（ミートパイ）の専門店が人気です」

夜ごはんも外食することがよくあるそうですが、驚くのはウズベキスタンのレストランにはダンスフロアと生バンド演奏があるのが定番だということ！

「ウズベキスタンは社交文化が盛んで、人付き合いが濃いんです。レストランは食事の場であり、同時に社交場。だから、音楽やダンスが食事とセットになっているのは当たり前のことなんです」

大勢で集まり、料理を楽しむ習慣が定着しているウズベキスタン。親戚や友人の家を行き来することも多く、「週3〜4日は集まっていますね」とディーリャさん。昔ながらの伝統を守る地域では、各家庭にタンドール窯があり、蒸し餃子のようなマントゥ、ソムサ（肉や野菜の具を包んだパイ）、ビチャーキ（薄い生地で具を包んで焼いた料理）など、粉を練って生地から手作りする料理をみんなで作ることも多いそうです。

集うことと食べることを大切にする。それがウズベキスタン料理のおいしさの基本なのかもしれません。

大きなカゾン（鍋）でプロフを作っている様子。

ディーリャさん
Dilafruzkhon

ウズベキスタンの古都で「青の都」として知られるサマルカンド出身。母国で観光ガイドや観光専門学校の教師として働き、日本の大学院に留学したのがきっかけで、日本での暮らしがスタート。2016年からニキズキッチンでウズベキスタン料理を教えている。日本でも肉や野菜など、同じ食材は手に入るけれど風味が異なるため、どうやったらウズベキスタンの味を再現できるかを日々考えながらレシピを作っている。四季折々の日本の自然が大好き。

ウズベキスタンの主食、ノンは円形で厚みがあり、真ん中がくぼんでいるのが特徴。

バザール（市場）には旬の果物から焼き立てのノンまでさまざまな食べ物が並ぶ。夏には糖度の高いメロンやすいかも豊富。

Kompot
カンポット（フルーツウォーター）

材料（作りやすい分量）
りんご … 1個
ぶどう … 1/2房（200g）
レモンの薄切り … 1枚
水 … 1.3ℓ
砂糖 … 適宜
ミントの葉 … 適量

ドリンク

「ウズベキスタンでは、焼き菓子を食べるのは冬だけ」とディーリャさん。
なぜなら、春はベリー、夏は杏や桃、梨にサワーチェリー、
秋にはざくろと、季節の果物が豊富だから。
そんな旬の果物を食べきれないときに作るのがこのフルーツジュース。
"コンポート"というと西洋では果物を甘く煮たデザートのことだが、
よく似た名前のカンポットはその元祖ともいうべきもの。
皮の部分にはポリフェノールや色素、旨みが豊富なので、
無農薬の果物を皮ごと使う。
「煮出したあとの果物は味も色も抜けてしまうので捨てます。
日本のだしみたいなものですね」
このレシピを参考に、好みの旬の果物を組み合わせてみても。

1 りんごはよく洗って芯を取り、皮ごとひと口大にカットする。
　ぶどうは枝から外してよく洗い、半分に切る。

2 鍋に水を入れ、1とレモンを加えて弱火にかける ⓐ。沸騰し
　てから30〜40分煮る ⓑ。

3 果物を食べて味が抜けているようだったらできあがり。好みで
　砂糖で味を調える。ザルなどで濾して保存瓶に移し、冷蔵庫で
　よく冷やす。グラスに注ぎ、ミントの葉を飾る。

Uzbekistan

（69）

"ゴルピシ"は肉詰め、"シュルヴァ"はスープという意味。
昼ごはんにはこのような具だくさんのスープもポピュラーなメニュー。
今回使うピーマンとパプリカのほか、トマトやなすなど季節の野菜に
肉だねを詰めてスープ仕立てにする。肉だねを作るときには肉やごはんを加える前に、
玉ねぎとハーブ、スパイス、塩、黒胡椒をしっかり混ぜるのがポイント。
そうすることで肉だねの味がまとまり、おいしく仕上がる。

クミンシードは手のひら
で押し潰すようにして香
りを立てながら加える。

Goluptsi Shurva
ゴルピシ・シュルヴァ（肉詰め野菜のスープ）

材料（2〜3人分）
ピーマン … 8個
パプリカ … 4個
玉ねぎのみじん切り … 1個分
にんにくのみじん切り … 2片分
じゃがいものひと口大切り … 2個分
にんじんのひと口大切り … 1本分
トマトピューレ … 大さじ4
ローリエ … 2枚
水 … 400㎖
塩 … 適量
黒胡椒 … 適量
油 … 適量
肉だね
　牛挽き肉 … 600g
　ごはん … 150g
　玉ねぎのみじん切り … 1個分
　にんにくのみじん切り … 3〜4片分
　塩 … 小さじ1
　黒胡椒 … 小さじ1
　クミンシード … 小さじ1
　コリアンダーパウダー … 小さじ1
　チリパウダー … 適量
　ハーブ（パクチー、ディル、ミントなどどれか1種類）の
　　みじん切り … 2パック分
トッピング
　小ねぎの小口切り … 適量
　水きりヨーグルト … 適量

1　肉だねを作る。ボウルに挽き肉とごはん以外の材料を入れ、玉
　ねぎから水分が出て全体に馴染むまでよく混ぜる⒜。挽き肉
　とごはんを加え、よく混ぜる。

2　ピーマンとパプリカはヘタをくり抜き、中の種を取り除く。ヘ
　タは蓋にするので取り置く。ピーマンとパプリカに隙間のない
　ように1を詰め⒝、ヘタをのせて蓋にする。

3　鍋に油を入れて中強火で熱し、玉ねぎとにんにくをよく炒める。
　焦げないようにしながら、甘さと旨みを引き出す。

4　トマトピューレを加えてよく炒めたら、じゃがいも、にんじん、
　ローリエ、水を加える⒞。

5　塩、黒胡椒で味を調えて一度火を止め、2を立てて鍋の中に並
　べる。2がスープに半分程度浸かるよう、スープが足りなけれ
　ば水を適宜加え、弱火で15〜20分煮る⒟。

6　味を見て、塩と黒胡椒で味を調える。器に盛り、トッピングを
　添える。

この鍋さえあればなんでも作れる!?
ウズベキスタンの鍋「カゾン」

揚げ物からスープ、プロフまで、
調理を一手に担うのが鉄の鋳物
鍋「カゾン」。今回使ったカゾ
ンは小さなもので、ウズベキス
タンではどの家庭にも直径1m
もある大きなカゾンがあるそう。
このカゾンはディーリャさんが
大学生になったときに曽祖母か
ら譲り受けたもの。

夜ごはん

ウズベキスタンでは、
「子どもが生まれたらプロフ、うれしいときはプロフ、悲しいときもプロフ、誰かが死んでもプロフ」
と言われるくらい、ことあるごとにプロフを食べるんだそう。
「結婚式やお正月などのお祝いの席にも必ず登場する、大切な料理です」とディーリャさん。
プロフは古くから中央アジア全域で食べられている米料理。
日本でお馴染みのピラフの原型とも言われるが、ウズベキスタンのプロフは特に歴史が古く、
「プロフの文化・伝統」は、2016年にユネスコの無形文化遺産にも登録された。

Palov

プロフ（ウズベキスタンの炊き込みごはん）

材料（4人分）
牛ステーキ肉 … 300g
米 … 2合
にんじん … 大3本
玉ねぎ … 1個
にんにく … 1玉
ひよこ豆（水煮）… 25g
レーズン … 25g
バター（無塩）… 30g
米油 … 35㎖
ごま油 … 35㎖
クミンシード … 小さじ2
塩 … 小さじ2
黒胡椒 … 少々

プロフと一緒に食べるサラダはたいてい2種。今回は、トマトやきゅうりをビネガーで和えたサラダと、食べやすい長さに切ったハーブや小ねぎに水きりヨーグルトを添えたディップサラダの2種。

ウズベキスタンでは綿花油や亜麻仁油が使われる。コクがあって香ばしい風味はウズベキスタン料理に欠かせない。日本では手に入りにくいためディーリャさんが考案したのがバター、米油、ごま油の3種の油のブレンド。

1 牛肉は1％程度の塩水（分量外）に10分ほど浸けて、臭みを抜く。米は1％程度の塩水（分量外）に10分ほど浸けてからよく洗う。にんじんは5㎝長さの細切りにする。玉ねぎは薄切りにする。にんにくは一番外側の皮だけはがし、塊のまま使う。

2 大きな深鍋に米油とごま油を入れて強火にかけ、煙が出るまで熱し、水気をふいた牛肉を焼く。あまり触らないようにして、両面にしっかり焼き目をつける⒜。

3 にんじんひとつかみ、玉ねぎ、にんにくを加え、玉ねぎがしんなりするまで炒める⒝。

4 残りのにんじん、ひよこ豆、レーズン、バターを加え、全体をざっと混ぜる。クミンシード小さじ1を手のひらですり潰しながら加え、塩小さじ1と黒胡椒も加え、にんじんがしんなりするまで炒める。

5 牛肉とにんにくが鍋底になるようにし、その上に4を広げる。水100㎖程度（分量外）を加え、弱火で5分ほど蒸し煮する⒞。

6 5の上に、水気をきった米を広げる。残りのクミンシードを手のひらですり潰すようにして加え、残りの塩も加える。湯（分量外）を米がひたひたになるまで加えたら、中火にして沸騰させる⒟。

7 沸騰してしばらく経ち、水分が減って米が水面から出てきたら米を鍋縁からはがすように返して山形にする。米の山の5〜6か所に菜箸で穴をあけ⒠、蓋をして弱火で10分ほど蒸す。

8 一度蓋を開け米の部分を軽く混ぜ、蓋をしてさらに5分ほど弱火で蒸す。

9 火を止め、大皿を用意する。まずごはんを盛り、その上ににんじんを盛る。肉は食べやすい大きさに切って一番上にのせ、にんにく添える⒡。にんにくは皮をむきながら食べる。

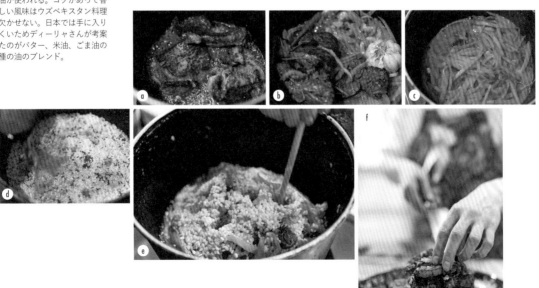

Russia

Bкусно

おいしい：フクースナ

リューバさん

Luba

ロシアの最も東に位置するサハリン州。その北部の自然豊かな地域に生まれ育ったリューバさん。大学を卒業後、ずっと興味を持っていた日本の文化に触れるべく、日本語専門学校に留学して2年間学ぶ。その後も日本で働き、結婚。料理は子どもの頃から好きで、来日後も日本料理を習ったりしていたそう。ニキズキッチンでロシア料理を教えるようになって約10年。母から学んだ故郷の味を届けている。

厳しい気候風土の中で工夫を凝らして編み出されたロシア料理は、温かく素朴な味わい。煮込み料理やスープが多いのもその特徴のひとつです。「朝ごはんに温かい料理をしっかり食べる習慣なのも、やはり寒い地域だからだということを聞いたことがあります」とリューバさん。

「かつてロシアの伝統的な家にはペチカがありました。ペチカは家を暖めるための暖炉であり、調理のためのオーブンでもあります。奥のほうで薪を焚いて、手前の部分で料理するんです。パイやパンを焼いたりもしますし、大きな壺に肉や野菜などの食材を入れてペチカに入れ、ゆっくり煮込んだりもします。今ではあまり見られない懐かしい風景です」

また、新鮮な野菜が手に入りにくい厳しい冬を過ごすため、保存食が発達しているのもロシアの食文化。野菜は乳酸発酵させて漬け物にし、そのまま食べたりスープに入れたりするそう。また、魚は干したり塩漬けにしたり、また燻製にするのも定番。

「缶詰の肉もポピュラーです。ロシアでは塊肉の煮込み料理が多く、調理に時間がかかりますが、そういうときに缶詰を使うと時短できます」

今回夜ごはんのメニューとして教えてもらったペリメニは、ロシアの定番家庭料理。各家庭で作るだけでなく、スーパーには茹でるだけの冷凍品が並び、日本の立ち食いそばのようにささっと食べられるスタンドもあるそう。

「ペリメニは普段の食事だけでなく、正月料理としても食べます。子どもの頃、大晦日の夜には家族みんなで正月用のペリメニを作っていました。具は肉が定番ですが、私の生まれ育ったサハリンは漁業が盛んで、魚のペリメニも定番でした」

このペリメニにも添えるサワークリームは、ロシア料理に欠かせない食材のひとつ。クレープに塗ったり、スープにトッピングしたり、食べるときに料理と混ぜ合わせることで、まろやかな味わいを与えてくれます。

「ロシアのサワークリームは日本で売っているものより酸味が少なくクリーミー。私は水きりヨーグルトと生クリームを混ぜて作っています。ロシアのおやつによく使うカッテージチーズも、私はケフィア（ケフィア菌で牛乳を発酵させるヨーグルトに似たもの）から作ります。こちらは日本で売っているものより酸味が強いのが特徴。カッテージチーズの作り方はおやつのコーナーでご紹介しますね」

それではリューバさんが作るおいしいロシア料理を4品、お届けしましょう。

ペリメニは正月のテーブルにも並ぶ（写真下）。その隣に並ぶのは「毛皮を着たニシン」。正月の定番料理で、刻んだ塩漬けニシンの上に、ビーツ、じゃがいも、にんじんなどが層になっているサラダ。

日本でもお馴染みのそばの実はロシア料理では定番の穀物。スープに入れたり、お粥にしたりして食べるそう。「ロシアは世界一そばの実を栽培して世界一消費している、というくらい、毎食いろいろな料理に使っています」とリューバさん。

朝ごはんの定番"カーシャ"は穀物を煮たお粥のような料理のこと。
米やそばの実、きびなどを水で炊いたり、牛乳で炊いたりする。
伝統の料理ゆえに、カーシャにまつわる表現もロシアにはいろいろあるそう。
例えば、「この人と一緒にカーシャは作れない」というのは
「相性が悪い」という意味だと、リューバさん。
「また牛乳でカーシャを作るときは吹きこぼれやすいですが、
そのことをロシア語で『牛乳が逃げる』といいます。
これもカーシャ作りから生まれた独特の言い回しかもしれませんね」

Каша рисовая с тыквой

カーシャ・リーソワヤス・ティークボイ
（かぼちゃ入りお粥）

材料 （2〜3人分）
米 … 100g
かぼちゃ … 80g
水 … 130㎖
牛乳 … 300㎖
バター（有塩）… 大さじ2
砂糖 … 大さじ2
塩 … 小さじ1/2

1 かぼちゃは皮をむいて種とワタを取り、2㎝角に切る。米は
　洗ってザルに上げ、水気をきる。

2 鍋に米と水を入れて中火にかける。水分がなくなるまで蓋をせ
　ずに5分ほど炊く（ⓐ）。

3 別の鍋にかぼちゃを入れ、かぼちゃが被る程度の水（分量外）
　を入れて5分ほど茹でる。

4 3の鍋に牛乳、砂糖、塩を加え（ⓑ）、沸騰しないように温める。
　砂糖の量は好みの甘さに増やしたり、減らしたりしてよい。

5 4を2の鍋に加え、弱火にして15分ほど煮る。吹きこぼれな
　いように注意し、ときどき混ぜる（ⓒ）。

6 火を止め、バターを加える。蓋をして15分ほど蒸らす。器に
　よそい、バター適量（分量外）をのせる。

Russia

(75)

ロシア料理といえば日本ではボルシチがよく知られているが、
あまたあるスープ料理の中でも、このラッソーリニクはまさに国民食。
どの家庭でも作られ、どのレストランでもあるメニュー。
"ラッソール"はピクルスの汁という意味できゅうりのピクルスを使う。
肉は鶏肉を使うこともあるが、鶏肉を使う場合は麦ではなく米を入れる。
日が経つと、味がどんどん馴染んでおいしくなるので、
週末にたくさん作って数日かけて食べることも。

Рассольник

ラッソーリニク
（きゅうりのピクルスと麦のスープ）

材料（3〜4人分）
牛もも肉（ブロック）… 250g
もち麦 … 70g
じゃがいも … 2個
きゅうりのピクルスの粗みじん切り … 4本分
きゅうりのピクルス液 … 90ml
玉ねぎのみじん切り … 1個分
にんじんのせん切り … 1本分
にんにくのみじん切り … 1片分
トマトペースト … 大さじ1
クローブパウダー、ジンジャーパウダー、
　シナモンパウダー、ナツメグパウダー
　　… 各ひとつまみずつ
コンソメ（キューブ）… 1個
塩 … 適量
黒胡椒 … 適量
イタリアンパセリのみじん切り … 大さじ2
水 … 2ℓ
油 … 大さじ2
トッピング
　サワークリーム … 適量
　イタリアンパセリ（またはディル）… 適量

1　鍋に水、牛肉、塩大さじ1を入れて中火にかけ、30〜40分煮
　　る。やわらかく煮た牛肉は取り出してひと口大に切り、鍋に
　　戻す。

2　1の鍋にもち麦を加えて2〜3分煮たら、皮をむいて1cm角に
　　切ったじゃがいもを加える。もち麦とじゃがいもがやわらかく
　　なったら、きゅうりのピクルスときゅうりのピクルス液、コン
　　ソメを加える⒜。

3　フライパンに油を入れて中火で熱し、玉ねぎとにんじんを炒め
　　る。あめ色になってきたら、にんにくとトマトペーストを加え、
　　さらに炒める。

4　2に3、クローブパウダー、ジンジャーパウダー、シナモンパ
　　ウダー、ナツメグパウダーを加え5分ほど煮て、塩と黒胡椒で
　　味を調える。

5　イタリアンパセリを加えてひと混ぜし、火を止めて20〜30分
　　そのまま置き、味を馴染ませる。

6　食べる前にスープを温め直し、スープを皿によそい、サワーク
　　リームとイタリアンパセリをのせる。

こちらがリューバさん自家製の
サワークリーム。水きりヨーグ
ルトと生クリームを1：1の割
合で混ぜて作る。

ケフィアから作るカッテージチーズはお菓子に使うチーズ。
スィルニキもカッテージチーズで作る。
家庭で作ったり、カフェで食べたり、スーパーで買ったりと、
ロシアでは最もポピュラーなおやつのひとつで朝ごはんにも人気。
焼き立てよりも冷めてからのほうが
チーズの風味が濃厚になるのでおすすめ。

Сырники
スィルニキ（ロシアのパンケーキ）

材料（2人分）
カッテージチーズ … 200g（水気をよくきっておく）
卵黄 … 1個分
砂糖 … 大さじ2
塩 … ひとつまみ
バニラオイル（またはバニラエッセンス）… 5滴
セモリナ粉 … 大さじ4
油 … 大さじ2
トッピング
　粉砂糖 … 適量
　サワークリーム … 適量
　好みのジャム … 適量
　ミントの葉 … 適量

1　ボウルにカッテージチーズ、卵黄、砂糖、塩、バニラオイルを入れ、よく混ぜるⓑ。

2　セモリナ粉半量を加えてよく混ぜ、10分ほど置いて馴染ませるⓒ。

3　2を4等分しそれぞれを丸めたら、残りのセモリナ粉をふった台に置いて包丁などで軽く押し潰し、2cm厚さの円形に成形する。表側にもセモリナ粉をまぶすⓓ。

4　フライパンに油を入れて弱火で熱し、3を並べる。じっくりと、ときどき返しながら、両面がきつね色になるまで焼くⓔ。

5　皿に盛って粉砂糖をふり、サワークリーム、ジャム、ミントの葉を添える。

ⓑ
ⓒ
ⓓ
ⓔ

Russia

（77）

「自家製カッテージチーズ」の作り方

牛乳1ℓのパックにケフィア菌2gを入れて混ぜる。口を閉じ、25℃前後で丸1日置いて発酵させ、自家製ケフィアを作る。それをボウルに入れ、70℃を超えないよう気をつけながら湯煎にかけて温める。ボウルの中のケフィアが分離したら、フキンまたはガーゼを敷いたザルにあけ水気をきる。さらにしっかり包みぎゅっと水分を絞って完成。

帽子のような形のペリメニは、ロシアを代表する粉料理。
ロシアではどの家庭でもたくさん冷凍庫にストックしてあり、
さっと茹でて、サワークリームを添えて食べる。
湯で茹でるだけでなく、コンソメスープで茹でてスープとして食べる地域もあるそう。
肉や魚を包むときは端と端を合わせて円形に仕上げるが、
野菜やきのこなどを包むときは端を合わせず半円形に仕上げる。
その場合は、形だけでなく、名前も"ヴァレーニキ"と異なるのが面白い。

Пельмени

ペリメニ（ロシアの水餃子）

材料（30個分）
生地
| 強力粉 … 165g
| 油 … 大さじ1/2
| 熱湯 … 100mℓ
| 塩 … 小さじ1/2
あん
| 生鮭（ほぐし身）… 150g（正味）
| 玉ねぎのみじん切り … 1/2個分
| 塩 … 小さじ1/2弱
| 黒胡椒 … 小さじ1/4
A
| 塩 … ひとつまみ
| ローリエ … 1枚
| 黒胡椒（粒）… 4粒
トッピング
| 溶かしバター … 適量
| サワークリーム … 適量
| ディル（またはパセリ）のみじん切り … 適量

1 生地を作る。ボウルに生地の材料をすべて入れ、木ベラなどでよく混ぜる。まとまってきたら打ち粉（分量外）をふった台の上に出し、手で10分ほど捏ねる⒜。表面がなめらかになったら生地をボウルに戻し、ラップを被せて15分ほど休ませる。

2 あんを作る。鮭は骨と皮を取り除き、フードプロセッサーですり身にする。

3 ボウルに2、玉ねぎ、塩、黒胡椒を入れ、よく混ぜる⒝。

4 台に打ち粉（分量外）をふり、休ませた生地を転がして直径4cm程度の棒状にする。30等分にし、それぞれを麺棒で直径6cm程度の円形にのばす⒞。のばした生地が乾燥しないようにラップを被せる。

5 生地1枚を手に取り3を小さじ1杯分のせたら半分に折りたたみ、端を指で押しながら丁寧に閉じる。半円の端と端を重ねてぎゅっと抑える⒟。できたものは打ち粉（分量外）をしたバットの上にくっつかないように並べ、生地が乾燥しないようにラップを被せる。

6 鍋に湯（分量外）をたっぷり沸かしてAを入れ、5を茹でる。浮き上がってきたら、さらに5分ほど茹でる⒠。

7 湯をきって器に盛り、溶かしバターを絡める⒡。サワークリームを添えディルを散らす。

Russia

India (West)

स्वादिष्ट

おいしい：スワディシュト

現在は夫と11歳の息子との３人暮らしのアルティさん。日本に来る前は画家として活躍し、幼い頃は親、兄弟、親戚が一緒に暮らす35人もの大家族だったそうで、日本での生活は少し寂しく感じることも。料理はそんな大家族の手伝いをしているうちに上手になったそう。アーユルヴェーダに詳しい父と、近所でも評判の料理上手の母の間に生まれたこともあり、アルティさんの料理はおいしいだけでなく、身体のことも考えられています。

「西インド料理は、小麦粉を主食として濃厚なカレーが特徴の北インド、さらっとしたカレーと米を主食にする南インド、この２つの食文化の影響を受けています。母もそうですが、ベジタリアンが多いのも、西インドの特徴です。私もベジタリアンでしたが、夫が北インド出身なので、肉を使ったカレーも作ります。スパイシーでオイリーというのがインド料理のイメージですが、レストランで食べるようなカレーを毎日食べていたら身体を壊してしまいます（笑）。スパイスを使うことは日常ですが、料理に合わせ、体調に合わせ、スパイスを配合して元気になる医食同源の考え方に基づいているのが、本来のインドの家庭料理。あまり知られていないと思いますが、週に一度は胃を休める習慣もあり、そのときはキチュリを食べます。キチュリは調子が少し悪いとき、お腹が痛いときなどにも食べる、日本のお粥のような存在の料理です」とアルティさん。

インドの食事は１日５回。朝、熱いチャイとクッキー（最近ではコーヒーをブラックで飲む人も増えたそう）。そのあとに簡単な朝ごはん。午後０〜２時に昼ごはんを食べ、午後４時はおやつタイム。そして夜ごはんは家族と一緒に食卓を囲むのが一般的で、外食をする習慣はほぼないのだそう。

「意外に知られていない日常のインド料理ですが、日本と似ているところもあります。日本では四季によって味付けが変わることがありますが、インドでは乾季、暑季、雨季で味が変わります。ただ、雨の日にインド風天ぷらのパコラを食べたりするのはインド独特なのかもしれませんね（笑）」

アルティさん
Arti

インド西部・マハーラーシュトラ州出身のアルティさんは、食通の大家族の中で育った。結婚後、夫の仕事の関係で日本に移住。人が集まることが大好きなお国柄のせいか、日本に住んでからも大勢の友人を自宅に招いてごはん会をたびたび開く。その味が評判となり、現在はニキズキッチンの講師を務めるように。教室では季節ごとに食材やスパイスを変えた、身体に優しい西インド料理が女性に人気。

特別な日はバナナの葉にごはんをのせて食べる。

インドのライスフレーク、ポハは
水で軽く洗ってふやかしてから使う。
油も、スパイスの種類も控えめで、
少ない材料で手軽に作ることができる朝ごはん。
チャイも毎日飲まれる国民茶。
"チャイマサラ"という
チャイ専用のミックススパイスを使い、
加える牛乳の量は好みで変える。
朝であれば、牛乳を少なめにして軽くしても。

Poha
ポハ（ライスフレークごはん）

材料 （2人分）
ポハ（ライスフレーク）… 200mℓ
油 … 大さじ2
マスタードシード … 小さじ1
カレーリーフ* … 2〜3枚
ピーナッツ … 大さじ2
玉ねぎのみじん切り … 1個分
青唐辛子の小口切り … 2本分
ターメリックパウダー … 小さじ1/2
砂糖 … 小さじ1
塩 … 適量
コリアンダー（パクチー）のみじん切り
　… 大さじ2
レモン汁 … 小さじ2

インドの朝ごはんの定番、
米フレークの「ポハ」

ポハは米を蒸し、平たく潰
して乾燥させたもの。仕上
げにレモン汁を加えると爽
やかな味付けになる。

*カレーリーフは、インド原産。和名は"ナンヨウザンショウ"といい、
インドやスリランカ料理には欠かせない。生と乾燥したものがあり、最
近では日本でも生のものが入手できるように。

1　ポハは水を替えながら2回洗って水気をきり、10分置
　　く⒜。洗い過ぎると、食感がねっとりしてしまうので
　　注意する。

2　フライパンに油を入れて中火で熱し、マスタードシード
　　を炒める。パチパチと音がして香りが立ったら、カレー
　　リーフとピーナッツを加えて2〜3秒炒める⒝。

3　玉ねぎと青唐辛子を加えて2分ほど炒め、ターメリック
　　パウダーと砂糖を加えて炒め合わせる⒞。

4　1と塩を加えてよく混ぜ、蓋をして弱火で2分ほど加熱
　　し、火を止める。

5　コリアンダーとレモン汁を加え、全体を混ぜて器によそう。

Chai
チャイ

材料 （2〜3杯分）
アッサム CTC* … 大さじ1
水 … 150mℓ
牛乳 … 150mℓ
チャイマサラ … 小さじ1/2
砂糖 … 大さじ1
おろししょうが … 1片分

*チャイ用の茶葉で、普通の茶葉よりも濃厚でコクがある。

インドのチャイワーラー（チャ
イの専門店）。屋根付きスタイ
ルだったり、路上で簡易コンロ
で作る人もいる。

1　鍋に分量の水を入れて沸騰させ、アッサム CTCを加え
　　て1〜2分煮出す。

2　牛乳を加え、再度沸騰したら火を止めてチャイマサラと
　　砂糖を加える。

3　しょうがを加え⒟、濾しながらカップに注ぐ。

India (West)

昼ごはんは家で作ったティフィン（お弁当）を持っていく人が多いインド。
ロティ、サブジ、ダルカレー（豆のカレー）などが定番のメニュー。
インドは何十種類もの豆がある、豆食文化の国。満腹感のあるダルカレーは昼ごはんに欠かせない。

Dal Curry
ダルカレー（豆のカレー）

材料（3〜4人分）
トゥールダル（キマメの挽き割り）… 100㎖
ターメリックパウダー … 小さじ1/4
水 … 600㎖
塩 … 小さじ1
ギー … 大さじ2
クミンシード … 小さじ1
ヒング（p.84参照）… ひとつまみ
赤唐辛子 … 1本
アチャール（インドのピクルス）… 適宜

1 トゥールダルは水を替えながら3〜4回洗い、水に10分ほど浸す。

2 1の水気をきり、ターメリックパウダー、分量の水、塩とともにを圧力鍋に入れ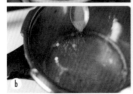、火にかける。圧がかかったら弱火にし、10分ほど加熱する。

3 火を止めてそのまま置き、冷めたらダルがなめらかになるまでスプーンの背で潰す。

4 鍋にギーを入れ、中火にかける。熱くなったらクミンシード、ヒング、赤唐辛子を入れる。香りが立つまで炒めたら、3に加える。味を見て、足りないようであれば塩適量（分量外）で味を調える。

5 ロティ、キャベツサブジとともに皿に盛り、好みでアチャールを添える。

Roti
ロティ

材料（4〜5枚分）
アタ（インドの全粒粉）* … 200g
水 … 100㎖以上
ギー … 適量
油 … 小さじ1

＊日本の全粒粉より粒が細かい。ない場合は強力粉で代用する。

1 大きなボウルにアタを入れ、分量の水を少しずつ加えながら混ぜる。

2 生地がまとまってきたらやわらかくなるまで指の関節で力を入れて捏ね続ける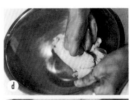。生地を丸めて表面に油を塗り、ラップを被せて20分ほど生地を休ませる。

3 2の生地をもう一度軽く捏ね、4〜5等分にして丸める。

4 アタ適量（分量外）をふりながら、麺棒で直径15cmほどに丸くのばす。

5 フライパンを熱し、打ち粉を払い落とした4をのせる。20〜25秒して気泡が見えてきたら裏返し、ロティが膨らんできたら、皿にのせてギーを塗り、半分に折る。残りも同様に焼く。

Cabbage Sabji
キャベツサブジ（キャベツのスパイス炒め）

材料（3〜4人分）
キャベツの粗みじん切り … 1/2個分
グリーンピース（冷凍）… 100g（解凍して水気をふく）
トマトの粗みじん切り … 小1個分
マスタードシード … 小さじ1/2
しょうがのみじん切り … 1片分
カレーリーフ … 1枚
塩 … 適量
油 … 大さじ2

A
　ターメリックパウダー、チリパウダー … 各小さじ1/2
　ガラムマサラパウダー … 小さじ1/4

1　フライパンに油を入れて中火で熱し、マスタードシード
　をパチパチと音がして香りが立つまで炒める。

2　しょうがとカレーリーフを加えて2〜3秒炒め、グリー
　ンピースを加えて2分ほど炒める。

3　キャベツを加えて混ぜながらさらに2〜3分炒める。

4　トマト、塩、Aを加え、よく混ぜたら蓋をして弱火で5
　分ほど加熱する。

5　蓋を外し、水気を飛ばしながら2分ほど炒める。

インド式カレーの食べ方

アルティさんの夫、アビシェークさんがインド
式カレーの食べ方を教えてくれました。
①使うのは洗って清潔な右手のみ。
②右手でロティをちぎる。
③ロティでおかずを挟んで口まで運ぶ。指は
　あまり汚さないのがきれいな食べ方。
④スープはちぎったロティをV字に折ってす
　くう。スプーンを使ってもOK。
⑤口直しにダルカレーの赤唐辛子やアチャー
　ルをかじって食べる。

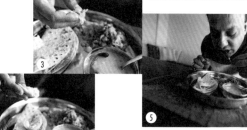

米と豆で作るインドの滋養食、キチュリ。
身体を癒やすスパイス、植物性たんぱく質豊富な豆で作る。
疲れた胃を休ませ、体調が優れないときにも、よく食べられる。

Khichari
キチュリ（豆のスパイスがゆ）

材料（3〜4人分）
バスマティライス … 200㎖
トゥールダル（キマメの挽き割り）… 100㎖
マスールダル（赤レンズ豆）… 100㎖
しょうがのみじん切り … 1片分
にんにくのみじん切り … 2片分
玉ねぎのみじん切り … 1個分
トマトの粗みじん切り … 1個分
グリーンピース（冷凍）… 100g（解凍して水気をふく）
ギー（または油）… 大さじ2
マスタードシード … 小さじ1
ヒング … 小さじ1/4
クミンシード … 小さじ1
赤唐辛子 … 1本
ターメリックパウダー … 小さじ1
チリパウダー … 小さじ1
水 … 720㎖
塩 … 適量
パパド … 3〜4枚

1 バスマティライスと豆類を合わせ、水を替えながら3〜
   4回洗う⒜。

2 圧力鍋にギーを入れて中火で熱し、マスタードシードと
   ヒングをパチパチと音がして香りが立つまで炒める。

3 クミンシードと半分に折った赤唐辛子を加え、2〜3秒
   炒めてしょうがとにんにくを加え、きつね色になるまで
   炒める。

4 玉ねぎを加えて2分ほど炒める⒝。トマトとグリーン
   ピースを加えて2分炒め、1、ターメリックパウダー、
   チリパウダーを加えて混ぜる⒞。

5 分量の水を加え、蓋をして中火にかける。圧がかかった
   ら、弱火にし10分加熱し、火を止めてそのまま冷ます。

6 温め直して塩で味を調え、器によそう。ギー適量（分量
   外）をのせ、焼いたパパドを添える。

**豆料理に欠かせない
大切なスパイス「ヒング」**

ヒング、またの名を"アサフェティダ"と
いう。セリ科の植物の樹液をかためて
粉末にしたもの。強力な硫黄臭がするが、
加熱すると甘く芳ばしい香りに変化し、
微量で本格的なインド料理の風味が出る。
消化促進の効果があり、豆類の消化負担
を軽減するとされる。

**おやつにもおいしい、
薄焼きせんべい「パパド」**

レンズ豆、ひよこ豆などの豆から作られ
るインドのおせんべい。パリパリとして、
塩気が強いので、お酒のおつまみにもぴ
ったり。焼いても、揚げてもおいしい。

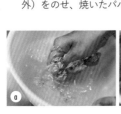

サモサはインドのストリートフードの
定番。誰からも愛されるおやつで、
家で作るものはやや小ぶりのサイズ。
インドではピーナッツや、
ドライフルーツを入れることもあるそう。

Samosa
サモサ

材料（8〜10個分）
生地
- マイダ（インドの中力粉）… 200㎖
- アジョワンシード … 小さじ1/4
- 塩 … 小さじ1/2
- 油 … 大さじ2

具材
- じゃがいも … 2〜3個
- グリーンピース（冷凍）
  … 大さじ3（解凍して水気をふく）
- おろししょうが … 小さじ1
- クミンシード … 小さじ1/4
- ガラムマサラパウダー … 小さじ1
- ターメリックパウダー … 小さじ1/2
- コリアンダーパウダー … 小さじ1/2
- グリーンマンゴーパウダー＊ … 小さじ1/2
- チリパウダー … 小さじ1/2
- 塩 … 適量
- コリアンダーの粗みじん切り … 大さじ2
- 油 … 大さじ2

油 … 適量

トマトケチャップ … 適量

＊グリーンマンゴーパウダーは、熟す前のマンゴーを乾燥させて粉末にしたもの。爽やかな酸味が特徴のスパイス。

1　生地を作る。ボウルにすべての材料を入れる。水適量（分量外）を少しずつ加え、かための生地に捏ねて丸め、ラップを被せて20分ほど休ませる。

2　具材を作る。じゃがいもは茹でてフォークで潰す。

3　鍋に油を入れて中火で熱し、しょうがとクミンシードを軽く炒める。

4　香りが立ったら、グリーンピースを加えて1分ほど炒め、じゃがいも、残りのスパイス類、塩を加えて混ぜながら4〜5分炒めて火を止める。コリアンダーを加えて混ぜ、冷ます。

5　具を包む。1の生地を棒状に丸め⒜、4〜5等分に切る⒝。

6　再度丸めて楕円形にのばし⒞、半分に切り⒟、円錐形にする⒠。

7　円錐の中に4を詰め⒡、生地の縁に水適量（分量外）を少しつけて閉じる⒢。

8　フライパンに油を多めに入れて160℃に温め、7をきつね色になるまでじっくり揚げる⒣。

9　油をきって皿に盛り、トマトケチャップを添える。

左・中／ジャレビは、渦巻き状のパリッとジューシーに揚げたインドの伝統菓子。ストリートフードとしても人気で、冷めてもおいしい。
右／ダベリは特製マサラを混ぜたじゃがいもと、タマリンド、ナツメヤシ、にんにく、赤唐辛子などで作ったチャツネをふわふわの牛乳パンに挟んだおやつ。

India (South)

स्वादिष्ट
おいしい：スワディシュト

ムットさん
Muthu

南インドのタミル・ナードゥ州出身の
ムットさん。18歳からシェフとして
働き、ホテルの料理長として20年勤
務。その腕を買われて1994年に来日
したあと、2003年、新宿区大久保に
自身の店『南インド料理 ムット』を
オープン。ムットさんの料理のポリシ
ーはおいしくて身体によいこと。油が
抑えめで、香り豊かなスパイスの南イ
ンド料理に魅せられたリピーターの女
性客も多い。そんなムットさん、イン
ドでは珍しいクリスチャン。そのため
店では、牛肉や豚肉を使った料理が食
べられる。現在は家族とともに八王子
市にある姉妹店『南インド料理 レジ
ーナ』も営業。期待を裏切らないおい
しさとムットさんの人柄に遠方からも
お客様が訪れる。

南インド最南端に位置するタミル・ナードゥ州出身
のムットさん。1994年に来日して2003年、自身待
望の『南インド料理 ムット』を新宿区大久保にオ
ープンしました。現在は妻、2人の娘、息子と5人
で店を切り盛りし、現在3軒目となる店舗を準備中
です。

「私が店をオープンした当時は北インド料理店がほ
とんどで、南インド料理の店はなかったです。今で
はカレーブームのおかげで、南インド料理のファン
の方もかなり増えました。私の料理を食べるために、
多くのお客様が足を運んでくれるのがうれしい」と
ムットさん。

最低気温でも年間平均19℃、4～7月は40℃を超
える日もある暑い国、南インドでは体力をつけるた
めにも3度の食事がとても大切。

「朝は早く、仕事がある人は早朝5時頃に起床しま
す。チャイと発酵した生地を焼いたドーサやダルカ
レーなど、消化によいものを食べるのが一般的です。
昼ごはんは簡単なおかず数種。またはミールスとい
って、ごはんと野菜や豆で作られたおかずがいくつ
も並べられた、少し豪華な定食を食べます。私の国
ではミールスはバナナの葉に盛られ、残った葉は牛
のエサになります。無駄がなく、片付けも簡単です
（笑）。午後3～4時はチャイとビスケットやスナ
ックを食べ、午後7～8時に夜ごはん。米を食べる
イメージの南インド料理ですが、特別な日以外の夜
はドーサやチャパティ、蒸しパンなどの小麦粉を使
った炭水化物を好んで食べますね。食べたら少し家
族でおしゃべりし、10時前に寝ます。すごく規則
正しいです」

マスタードシードやカレーリーフなどのスパイスを
油で加熱し、香りと辛みを引き出してから調理する
のが特徴的な南インドの料理。北インドに比べ、さ
らっとしていて軽いイメージがあります。そんな特徴
に加え、ムットさん流のこだわりは健康的な調理法。

「インド料理は油を多く使うイメージがあります
が、私は極力少なくしています。ギーも控え、油を
使うとしたら、スパイスを炒めて香りを引き出すと
き。あとは野菜の甘みや旨みを存分に引き出すこと
が大事。スパイスをたくさん使う料理ではあります
が、ぜひ一度作ってみてください。南インドのお弁
当でもお馴染み、材料もシンプルなレモンライスも
おすすめです」

上／4人のお子さんをお持ちのムットさん。
一緒に日本で暮らす長女・レジーナさんの息
子レジュパンくんと次女・テレサさんの息子
クリスティアーノくんの、よき祖父でもある。
下／長男ロザリオさんもシェフとして、南イ
ンド料理店をオープンする予定。今回は手際
よく、ドーサを焼いてくれた。

数種のカレーと副菜、ス
ープ、ごはんをひと皿に
盛り合わせた、南インド
のミールス。

ドーサは米と豆を発酵させた生地で作るクレープのようなもの。
北インドのナンに比べ、クリスピーで軽いのが特徴。
ダルカレーなどのおかずと食べるほか、
スパイスやトマトで炒めたマッシュポテト、
挽き肉やインドのチーズ、パニールなどを包めば、
手軽な昼ごはんやスナックとしても楽しまれる。

Dosa
ドーサ

材料（8枚分）
A
 バスマティライス … 150g
 ウルドゥダル（ウラド豆の皮なし）… 50g
 フェヌグリークシード … 小さじ1/2
 茹で米（バスマティライス）… 大さじ1/2
 水 … 500㎖
砂糖 … 大さじ1/2
塩 … 適量
ギー … 適量

1 バスマティライスとウルドゥダルは水を替えながら3〜4回洗い、水気をきる。残りのAとともにボウルに入れて米がやわらかくなるまで1〜2時間浸す ⓐ。

2 ミキサーに1を移し ⓑ、なめらかになるまで撹拌する。

3 ボウルに2を移して砂糖を加えて混ぜ、ラップを被せて室温にひと晩置いて発酵させる。

4 焼く前に3の生地をよく混ぜる ⓒ。味を見て、発酵の酸味が気になる場合は塩を加え、お玉1杯分をテフロン加工のフライパンに薄く広げる ⓓ。

5 表面にギーを薄く塗り広げ ⓔ、焼き色がついたら巻く。テフロン加工のフライパンがない場合は油を塗ったフライパンで焼くとよい。

India (South)

(87)

昼ごはん

南インドで親しまれている
レモンの風味が爽やかなレモンライス。
意外なほど簡単に作れる、南インドの炒飯。
ターメリックが入っているので傷みづらく、
暑い南インドではお弁当にもよく入るそう。
野菜たっぷり、タマリンドの酸味が効いた
"サンバル"や南インドならでは
ココナッツの炒め物"アヴィアル"を添えると
さらにおいしい。
にんじん以外にもキャベツで作るのもおすすめ。

Lemon Rice

レモンライス

材料 （4人分）
米（バスマティライスと日本米を半々で混ぜたもの）… 400㎖
水 … 800㎖

A
| マスタードシード … 小さじ1/2
| クミンシード … 小さじ1/2
| マスールダル（赤レンズ豆。または
|　ピーナッツなどの好みのナッツ）… 大さじ2
| カレーリーフ … 5枚

B
| レモン汁 … 1/2個分
| ターメリックパウダー … 小さじ1/2
| 水 … 大さじ1/2
| 塩 … 適量
塩 … 小さじ1/2
油 … 大さじ2
コリアンダー（パクチー）の葉 … 適量

1　米は水を替えながら3〜4回洗い、水気をきる。炊飯器の内釜に入れ、水、塩（ほどよく塩気を感じる程度）を加え、浸水させずに普通モードで炊く。B は合わせておく。

2　大きなフライパンに油を入れて中火で熱し、A を炒める ⓐ。

3　パチパチと音がして香りが立ったら、炊き上がったごはんを加えて混ぜ、合わせた B を回しかける。全体がムラなく黄色になるまで炒め合わせ、味を見て、塩小さじ1/2で味を調える。

4　皿に盛ってコリアンダーの葉をのせ、キャロットアヴィアルとサンバルを添える。

Carrot Avial

キャロット・アヴィアル
（にんじんとココナッツの炒め物）

材料 （4人分）
にんじん … 3本

A
| ひよこ豆（挽き割り）… 大さじ2
| マスタードシード … 小さじ1
| クミンシード … 小さじ1
| 赤唐辛子 … 4本
| カレーリーフ … 10枚

ココナッツファイン … 200㎖
レモン汁 … 1/2個分
砂糖 … 小さじ1
塩 … 適量
油 … 大さじ2
コリアンダー（パクチー）の葉 … 適量

1　にんじんは皮をむき、2㎝長さの細切りにする。鍋に入れ、被る程度の水（分量外）と塩小さじ1を加えて中火にかける。沸騰したらすぐにザルに上げて湯をきる。

2　鍋に油を入れて中火で熱し、A を炒める。パチパチと音がして香りが立ったら、1、ココナッツファイン、レモン汁、砂糖、塩小さじ1/2を加えて軽く炒め合わせる ⓑ。味を見て、足りなかったら塩適量を加えて味を調える。皿に盛り、コリアンダーの葉をのせる。

Sambar サンバル
（野菜のカレースープ）

材料 （作りやすい分量）
マスールダル（赤レンズ豆）… 200㎖
トマト … 1個
玉ねぎ … 1/2個
さやいんげん … 5本
じゃがいも … 1個
にんじん … 1本
なす … 1本
しょうがのみじん切り … 1/2片分
にんにくの薄切り … 1片分
タマリンドジュース … 100㎖
コリアンダー（パクチー）の
　ざく切り … 適量

A
| ターメリックパウダー … 小さじ1/2
| 油 … 小さじ1/2

B
| クミンシード … 小さじ1/2
| マスタードシード … 小さじ1/4
| フェネグリークシード … 小さじ1/4
| カレーリーフ … 5枚

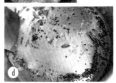

C
| コリアンダーパウダー … 小さじ1/2
| ターメリックパウダー … 大さじ1/2
| チリパウダー … 小さじ1/4
塩 … 小さじ1/2
油 … 小さじ1

1　マスールダルは水を替えながら3〜4回洗い、鍋に入れる。深さ2㎝ほどの水（分量外）と A を加えて混ぜ、中火にかける。沸騰したら弱火にしてとろとろにやわらかくなるまで煮る ⓒ。途中水が足りなくなったら適宜足す。

2　トマトはミキサーでなめらかになるまで撹拌する。玉ねぎはみじん切りにする。さやいんげんは2㎝長さに切る。じゃがいも、にんじん、なすは小さめのひと口大に切る。

3　鍋に油を入れて中火で熱し、B を炒める ⓓ。パチパチと音がして香りが立ったら、しょうが、にんにく、C を加えてさらに炒める。全体が馴染んだらトマト以外の野菜類を炒める。油が回ったらトマトと水200〜300㎖（分量外）加えて煮る ⓔ。沸騰したらアクを取って弱火にし、野菜類に火が通るまで煮る。

4　1とタマリンドジュースを加え ⓕ、塩で味を調えてコリアンダーを加えて混ぜる。

India (South)

野菜料理のコクを出す「フェネグリークシード」

最近、スーパーのスパイスコーナーでも見かけるようになった、フェネグリークシード。インドでは定番のスパイスで、野菜のカレーなどに好んでよく使われる。メープルシロップの香りがするが、高温で熱することでカレーの風味とコクが生まれる。また胃炎や整腸作用によいといわれ、インドでは豆を使った料理にもよく使われる。

誕生日や結婚式、パーティなどで出される
南インドのおもてなし料理、ビリヤニ。
羊肉でも作られたり、またはソイビーンミートや
にんじん、じゃがいも、グリーンピースで作る
ビーガン用のビリヤニも人気。
プレーンヨーグルトを混ぜながら食べるが、
好みできゅうりや玉ねぎの角切りを入れてもよい。

Chicken Biryani
チキンビリヤニ（鶏肉のスパイス炊き込みごはん）

材料（4人分）
鶏もも肉（骨付き）… 2本
バスマティライス … 400㎖
玉ねぎ … 1個
トマト … 2個
おろししょうが … 小さじ1
おろしにんにく … 小さじ1
ミント … 1パック
コリアンダー（パクチー）… 1枝
青唐辛子 … 4本
プレーンヨーグルト（無糖）… 100㎖
ギー … 大さじ1
油 … 大さじ1
塩 … 小さじ1
水 … 500㎖
A
| カルダモン … 4粒
| クローブ … 4粒
| シナモンスティック … 1本（半分に折る）
| ローリエ … 1枚
B
| コリアンダーパウダー … 小さじ1
| クミンパウダー … 小さじ1
| ターメリックパウダー … 小さじ1/2
| チリパウダー … 小さじ1/2

1 バスマティライスは水を3〜4回替えながら洗い、30分ほど
　浸水する。玉ねぎは薄切りにし、トマトはミキサーでなめらか
　になるまで撹拌する。ミントは葉をつまみ、コリアンダーはざ
　く切り、青唐辛子は斜め半分に切る。鶏肉は関節の部分に包丁
　を入れ、切り離す。

2 フライパンにギーと油を入れて中火で熱し、**A**を炒める。香り
　が立ったら、玉ねぎを加えてきつね色になるまでしっかり炒め
　る（a）（b）。

3 しょうが、にんにく、青唐辛子、ミントとコリアンダー各2/3
　量を順に加え、さっと炒め合わせる（c）。

4 1のトマトと**B**を加えてさらに炒める（d）。

5 沸騰したらプレーンヨーグルトと鶏肉を加える（e）。鶏肉の色
　が変わったら塩を加えて混ぜ、火を止める。

6 炊飯器の内釜に水気をきったバスマティライス、5、分量の水、
　残りのミントとコリアンダーを入れて普通モードで炊く。

7 皿に盛ってコリアンダーの葉（分量外）をのせ、プレーンヨー
　グルト適量（分量外）を混ぜながら食べる。

（90）

Sri Lanka

රසයි

おいしい：ラサイ

こちらがスリランカの定番のお弁当、バットムラ。ごはんに数種類のカレーや副菜をのせて、バナナの葉でぎゅっと包む。

伝統料理のキリバット。"キリ"はココナッツミルク、"バット"はごはんという意味。辛いふりかけ、ルヌミリスを添えて食べる。

サンパットさん
Sampath

スリランカ中部のクルネーガラ県出身。料理学校を卒業後、スリランカ、オマーン、ドバイの有名ホテルでキャリアを積む。さらにイタリアでのインターンや、日本のホテルやレストランでの勤務を経て、現在は日本のデンマーク大使館のシェフとして働く。ニキズキッチンでは2020年からクラスを開講。夢は東京でスリランカ料理のレストランを開き、コースでワインのペアリングを提案すること。

東洋の真珠とも呼ばれる美しい島国のスリランカ。近年のカレーブームの中で、独自のスパイス使いなどスリランカ料理は注目を集めています。そんなスリランカ料理には"サライラサイ"という言葉があります。これは「辛い、おいしい」という意味。カレーはもちろん揚げ物や炒め物にも、それぞれ異なったスパイスを組み合わせて、"サライラサイ"に仕上げるのだそう。

「だから辛いだけではなくて、スパイスが絡み合った複雑な風味がスリランカ料理の特徴なんですよ」

と教えてくれたサンパットさんは、大使館のシェフとして働くかたわら、日本でスリランカ料理を広めるべく、SNSでレシピや食文化についての情報を発信しています。

「スリランカは米食文化です。店にはたくさんの種類の米が並び、料理やシーンで使い分けます。日常的に食べるのはナールという米。小粒でまん丸のキリサンバというお米は特別なときに食べます。ほかに黒米や赤米もあります。また、ココナッツオイルやココナッツミルクをよく使うのもスリランカ料理の特徴です。米をココナッツミルクで炊いたキリバットはスリランカの伝統料理。正月やお祝いに欠かせません」

サンパットさんが料理に興味を持つようになったのは、子どもの頃。祖母が料理するのを見て育ち、調理の基本や家庭料理のレシピを身につけたといいます。

「お弁当にはカレーをバナナの葉で包んだバットムラを持っていきます。子どもの頃は朝起きると、まず庭にこのバナナの葉を採りに行くのが日課でした」

スリランカでは昼ごはんが3食で一番しっかり食べる食事。農村部では家に戻ってカレーを食べ、オフィスワーカーたちは、レストランで食べる人もいますが、家から持ってきたバットムラを広げます。

「何種類ものカレーを混ぜて食べるのがスリランカ流。野菜カレー、豆カレー、肉のカレーに魚のカレーなどいろいろな種類を一度に食べますが、日本では1食にたいていカレーが1種類なのでびっくりしました！」

そして夜には昼ごはんと同じその日のカレーを食べることが多いそう。ボリュームとしては昼ごはんがメインですが、家族が食卓を囲んで食べる夜ごはんは1日の中で大切な時間です。

「なにより私たちの食文化で大切にしていることは無駄なく食べること。スリランカは自然豊かな国で食材にも恵まれていますが、なんでも全部調理して食べます。例えば青いバナナは果実部をカレーにして、皮も炒め物にするんです。料理を作ったあとにゴミはほとんど残りません。自然の恵みの食材を丸ごといただく。それがスリランカの食文化だと私は思います」

米食文化のスリランカでも、このエッグロティは人気メニュー。
中力粉で作った生地を薄くのばして焼き、そこに卵をのせて包んだもの。
朝ごはんにもおやつにも食べる一品。各家庭でも作るが、
通りには屋台があり、職人が薄く生地をのばして焼いてくれるという。
「家ではなかなかあそこまで生地を薄くできません。職人技です」とサンパットさん。
レストランでも食べることができ、カレーソースが添えられたりする。

Egg Roti
エッグロティ

材料（6人分）
生地
　中力粉 … 250g
　水 … 150mℓ
　塩 … 少々
　ココナッツオイル … 大さじ1
卵 … 4個
赤玉ねぎ … 1/2個
カレーリーフ … 4〜6枚
青唐辛子 … 2本
粗挽き唐辛子 … 小さじ2
塩 … 適量
黒胡椒 … 少々

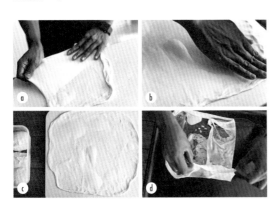

1　赤玉ねぎ、カレーリーフ、青唐辛子はみじん切りにする。

2　生地を作る。ボウルに材料を入れ、よく混ぜる。粉気がなくなったら打ち粉（分量外）をふった台の上に出し、表面がなめらかになるまで5〜6分捏ねる。生地がやわらか過ぎる場合は、打ち粉（分量外）を足す。

3　2を6等分して、それぞれを手のひらで転がし、なめらかなボール状にする。生地の表面に油（分量外）を塗ってくっつかないようにし、保存容器に入れ、2時間ほど休ませる。

4　別のボウルに卵を溶きほぐし、1と粗挽き唐辛子、塩、黒胡椒を加えて混ぜる。

5　3の生地をひとつ取り出し、台の上で引っ張りながら四角く薄くのばすⓐⓑⓒ。

6　大きなフライパンか鉄板にココナッツオイル適量（分量外）を入れて中火で熱し、のばした生地をのせる。その上に4の卵液1/6量を広げ、生地を四方から畳んで卵液を包むⓓ。焼き目がついたら裏返して反対側も焼き色がつくまで焼く。

7　残りの生地も同様に焼く。食べやすい大きさにカットし、皿に盛る。

スリランカでカレーといえば、野菜や豆、肉など数種類と副菜を盛り合わせたもの。
今回紹介するのは、ココナッツミルクでまろやかに仕上げるダルカレーと、
スパイシーで香りよいチキンカレー、そして水菜とココナッツのサンボル（和え物）。
別々に食べてもおいしいが、全部をよく混ぜて食べるのがおすすめ。
複雑なスパイスの風味と辛み、ココナッツの香りが、口の中で広がる。

Dal Curry
ダルカレー（豆のカレー）

カレーに添えるイエローライスは、米300gに同量の
水、油小さじ2、ターメリックパウダー小さじ1/2、
塩小さじ1/4、砕いたカルダモン2粒、シナモンスティ
ック1/2本、カレーリーフとパンダンリーフ各適量
を加えて混ぜ、炊飯器で炊いたもの。

材料 （4人分）

マスールダル（赤レンズ豆）… 100g
赤玉ねぎの薄切り … 1/4個分
カレーリーフ … 2〜3枚
パンダンリーフ＊1 … 少々
ターメリックパウダー … 小さじ1/2
チリパウダー … 小さじ1/2
アンローストカレーパウダー … 小さじ1
フェヌグリークシード … 小さじ1/2
クミンシード … 小さじ1/2
シナモンスティック … 1/2本
モルディブフィッシュ＊2（または削り節）… 大さじ1
ココナッツミルクパウダー … 小さじ3
　（100mlの湯で溶く。またはココナッツミルク100ml）
塩 … 小さじ1/2
レモン汁 … 1/2個分
イエローライス … 適量
パパダム … 適量
ゴールデンオニオン
　マスタードシード … 小さじ1/2
　にんにくの薄切り … 2片分
　赤唐辛子 … 3本
　赤玉ねぎの薄切り … 1/4個分
　カレーリーフ … 2〜3枚
　塩 … ひとつまみ
　粗挽き唐辛子 … 小さじ1
　ココナッツオイル … 大さじ2

＊1 アジアのバニラと呼ばれる甘い香りのハーブ。
東南アジアの国々でよく使われる。
＊2 モルディブ産のかつお節。スリランカでは"ウン
バラカダ"と呼ばれる。カビ付けの工程がなく日本の
かつお節よりやわらかい。

1　マスールダルは水を3〜4回替えながら洗い、ザルに上げる。

2　鍋にマスールダル、赤玉ねぎ、ちぎったカレーリーフとパンダ
ンリーフ、ターメリックパウダー、チリパウダー、アンロース
トカレーパウダー、フェヌグリークシード、クミンシード、シ
ナモンスティック、モルディブフィッシュ、塩、被る程度の水
（分量外）を入れて全体をよく混ぜ、蓋をして中火で煮る。

3　沸騰してから5〜7分煮たら、湯で溶いたココナッツミルクパ
ウダーを加えてよく混ぜ、そのままさらに4〜6分煮る(a)。

4　ゴールデンオニオンを作る。小さなフライパンにココナッツオ
イルを入れ、マスタードシードを加えて中火で熱する。パチパ
チして香りが立ってきたら、にんにくと半分に折った赤唐辛子
を加える。香りが立ったら赤玉ねぎとちぎったカレーリーフを
加えてしっかりと炒め、赤玉ねぎがあめ色になってきたら、塩
と粗挽き唐辛子を加え(b)、ひと混ぜし火を止める。

5　4を3に加えて混ぜ、仕上げにレモン汁を加え、味を見て、塩
適量（分量外）で味を調える。チキンカレー、サンボル、イエ
ローライスとともに皿に盛り、パパダムを添える。

スリランカのダルカレーには、隠し味としてゴール
デンオニオンを加えて仕上げる。ゴールデンオニオ
ンのスパイスは各家庭それぞれ。これはサンパット
さんが祖母から教わったレシピ。

カレーパウダーは「ロースト」と
「アンロースト」を使い分け！

レシピにあるカレーパウダーは、スリランカでは"トゥナパハ"と呼ばれる。数種のス
パイスをミックスしたものだが各家庭ごとに調合が異なり、まさに家庭の味。サンパ
ットさんのアンローストカレーパウダーは、コリアンダーパウダーとクミンパウダー、
ターメリックパウダーを混ぜたもの。爽やかな香りで野菜料理によく使う。肉や魚に
使うのはローストカレーパウダーで、これはシナモンスティック、カルダモン、カレ
ーリーフ、コリアンダー、パンダンリーフに赤唐辛子などをフライパンで炒ってから
ミルで粉末にしたもの。ふくよかな風味で、辛みもしっかり。サンパットさん曰く
「日本の市販のカレー粉も炒ると香ばしさが出るので、ローストカレーパウダーとあ
るところはカレー粉をフライパンで炒って使ってください」とのこと。

Chicken Curry
チキンカレー

豆粉のせんべい「パパダム」はスリランカ料理に必ず添えられる付け合わせ。カリッとした食感と香ばしい風味で、カレーに混ぜてもおいしい。

材料（4人分）
鶏もも肉 … 2枚（500g）
トマト … 1/2個
赤玉ねぎ … 1/2個
しょうが … 1片
にんにく … 1片
青唐辛子 … 1本
カレーリーフ … 3〜5枚
パンダンリーフ（p.95参照）… 1/2枚
シナモンスティック … 1/2本
カルダモン … 3〜4粒
フェヌグリークシード … 小さじ1/2
クローブ … 4〜5粒
チリパウダー … 小さじ1〜3
ターメリックパウダー … 小さじ1/2
ローストカレーパウダー（p.95参照）… 小さじ1
アンローストカレーパウダー（p.95参照）… 小さじ1
ココナッツミルクパウダー … 小さじ3
　（100mℓの湯で溶く。またはココナッツミルク100mℓ）
黒胡椒 … 小さじ1/2
塩 … ふたつまみ
ココナッツオイル … 大さじ2

1　鶏肉はひと口大に切る。トマトはざく切りにする。赤玉ねぎは薄切りにする。しょうがとにんにくはすり鉢などでよく潰す。青唐辛子は斜め切りにする。カルダモンは包丁の背などで叩いて砕く。

2　フライパンにココナッツオイルを入れ、中火にかける。オイルが十分に熱くなったら、赤玉ねぎを加えてしんなりするまで炒め、しょうがとにんにくを加えてさらに炒める。

3　香りが立ったらカレーリーフとパンダンリーフをちぎって加え、ひと混ぜしたら、青唐辛子、シナモンスティック、カルダモン、フェヌグリークシード、クローブを加え、弱火にしてじっくり炒める。

4　玉ねぎがあめ色になったら、チリパウダー、ターメリックパウダー、カレーパウダー2種を加える。しっかり炒めて香りを立たせる⒜。焦げると苦みが出るので注意する。

5　鶏肉、黒胡椒を加えて5分ほど炒める。トマトを加えてさらに炒める。鶏肉の色が変わったら、水200mℓ（分量外）を加え、25分ほど煮る。

6　湯で溶いたココナッツミルクパウダーを加えてよく混ぜ、さらに8〜12分煮て、塩で味を調える。

Sambol
サンボル（水菜とココナッツの和え物）

材料（4人分）
水菜 … 1束（250g）
ココナッツフレーク … 50g
モルディブフィッシュ（p.95参照。または削り節）
　… 大さじ1
レモン汁 … 1個分
青唐辛子のみじん切り … 1本分
赤玉ねぎのみじん切り … 1/4個分
トマトのざく切り … 1/2個分
粗挽き唐辛子 … 少々
塩 … 適量
黒胡椒 … 適量

1　水菜はよく洗って水気をきり、ざく切りにする。

2　ボウルに残りの材料を入れて手で混ぜる。トマトは手で潰すようにして、その水気でココナッツフレークと馴染ませる⒝。

3　食べる直前に1を加えて和える⒞。

Dal Curry

Pappadums

Chicken Curry

Yellow Rice

Sambol

Sri Lanka

(97)

Bangladesh

সুস্বাদু
おいしい：モジャ

スルタナさん

Sultana

バングラデシュ西部・パブナ地区出身。女6人男2人の大家族で、幼い頃から母親に料理を習う。東京外国語大学でベンガル語の研究員として約20年働く。その後30年以上にわたり、JICAの青年海外協力隊としてバングラデシュに派遣される人たちにベンガル語を教えてきたスルタナさん。2012年長野県で定年退職を迎えたのち、同じ仕事に就いていた夫とともに東京に移住。現在もベンガル語を教えながら、ニキズキッチンで母国の料理を教えている。おいしい料理と、お母さんのようなおおらかで温かい人柄をたくさんの生徒が慕い、料理を習いに来る。

日本の約4割の面積に1億6000万人以上（2022年）が住んでいて、世界一人口密度が高い国として知られるバングラデシュ。

「私の出身は農村部です。田舎では農業が盛んで、都会の人はデスクワークが中心。食事もかなり違ってきますね」とスルタナさん。

身体を動かす農村部の場合、主食は米。ごはんをよく食べ、おかずの種類は少ない傾向。

「少ないおかずでごはんをたくさん食べたいので、料理は辛いものが多いです。都会では、昼ごはんにサラダ中心で食事を取るなど、軽めに食べる傾向です」。都会では、チャパティ（薄力粉を練り、発酵させずに焼いたパン）や、パラタ（発酵させた生地を何度も折りたたんで焼いたパイに近いパン）もよく食べるそう。

「朝ごはんには、パンタ・ヴァト。前の晩に炊いたごはんを冷水に浸しておき、ホムデン（赤わけぎ）、青唐辛子などをかじりながら食べます。正月には、ヒルサフィッシュと呼ばれる魚のフライと一緒に食べますね」

ヒルサフィッシュはバングラデシュの国魚ともいわれるほど人気の魚。ニシン科の魚で、臭みがなく、ふっくらとやわらかくておいしい高級魚。米と魚の国とも呼ばれるバングラデシュ。スルタナさんの家では、魚4日、肉3日くらいの比率で、魚が食卓に登場します。

「イスラム教の国なので私たちはハラル（イスラム教の方式によって処理された食肉など）しか食べませんが、魚は基本的にハラルなのでよく食べます」

昼や夜は、チキンカレーやビーフカレーなどのカレーに必ず野菜を1品。最近では前日の夜に作った料理を次の日の昼ごはんに食べることも多いそうです。食事は手食が伝統。スルタナさんと夫のアザドさんから手ほどきを受け、手で食べてみると、バングラデシュの気分で、よりおいしくいただけました。

上／友人たちと一緒に祝った旧正月の様子。テーブルにはごちそうがいっぱい並んだ。
左／ヒルサフィッシュはフライだけでなく、カレーの具材としても人気。

バングラデシュでは、パンタ・ヴァトはとても手軽な朝ごはん。
炊いた米を冷水にひと晩浸しておくだけ。
豆類やじゃがいも、なすなどの野菜カレーと食べることが多い。
4月14日、バングラデシュの旧正月では、
ヒルサフィッシュのフライを添えたパンタ・ヴァトが定番のごちそう。
ホムデンや青唐辛子を付け合わせ、口直しにかじりながら食べる。

Panta Bhat

パンタ・ヴァト（冷水に浸したごはん）

材料（5人分）
ごはん（バスマティライスを炊いたもの）… 適量
ヒルサフィッシュ（切り身。または鯖でも）… 5切れ
ターメリックパウダー … 小さじ1/2
チリパウダー … 小さじ1/2
おろししょうが … 小さじ1/2
塩 … 適量
油 … 100mℓ
ホムデン（赤わけぎ）… 適量
青唐辛子 … 適量

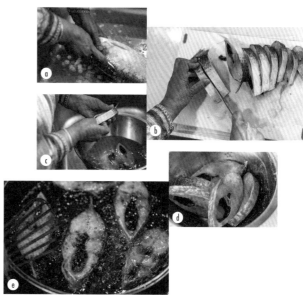

1　ごはんはたっぷりの冷水（分量外）に浸け、ひと晩置く。
　　暑い時期は冷蔵庫に入れる。

2　ヒルサフィッシュのフライを作る。ウロコを丁寧に取り
　　ⓐ、2cm厚さの筒切りにしⓑ、内臓を丁寧に洗い流すⓒ。

3　ボウルに水気をふいた 2 を入れ、ターメリックパウダ
　　ー、チリパウダー、しょうが、塩を加えて全体にまぶし、
　　15〜20分置くⓓ。

4　フライパンに 2 〜 3 cm深さの油を入れて170℃に温め、
　　3 を揚げ焼きするⓔ。裏返しながら深いきつね色にな
　　るまでしっかり揚げ、油をきる。

5　1 を器に盛り、皮をむいたホムデン、青唐辛子をのせ、
　　4 を添える。塩をふり、好みの塩加減にして食べる。

バングラデシュで愛される
国魚「ヒルサフィッシュ」

日本ではヒルサフィッシュは、バ
ングラデシュからの冷凍品が購入
できる。海産魚であるが、塩分濃
度の少ない河口域で獲れる魚。身
は脂がのっているが、淡泊でふっ
くらとした肉質。フライにしたり、
カレーにしたり、バングラデシュ
の食卓には欠かせない。

Bangladesh

(99)

ギーとヨーグルト、スパイスで作る白いローストチキン。
ベンガル語で"ムルギ"とは鶏肉という意味。
ローストといってもカリッと焼くのではなく、
フライパンで火を通す手軽な料理で
辛くはなく、ジューシーでやわらかい。
バングラデシュのおもてなしに喜ばれる一品。

Murgir Roast

ムルギ・ロースト（白いローストチキン）

材料（5人分）
鶏もも肉（骨付き）… 400g
玉ねぎの薄切り … 1と1/2個分
A
| カルダモンパウダー … 小さじ1/2
| おろししょうが … 大さじ1
| おろしにんにく … 大さじ1
B
| ポピーシード … 小さじ1
| カシューナッツ … 5粒
C
| おろししょうが … 大さじ1
| おろしにんにく … 大さじ1
| シナモンスティック … 1本（半分に折る）
| カルダモン … 3〜4粒
| クミンパウダー … 小さじ2
| コリアンダーパウダー … 小さじ1
| クローブパウダー … 小さじ1/4
| ナツメグパウダー … 小さじ1/4
| 黒胡椒 … 小さじ1/2
| メースパウダー＊ … 小さじ1/3
D
| 青唐辛子 … 1本
| 砂糖 … 小さじ1
牛乳 … 100㎖
プレーンヨーグルト（無糖）… 大さじ3
ギー … 100㎖
油 … 100㎖
ごはん（バスマティライスを炊いたもの）… 適量

＊メースパウダーはナツメグの果実の中にある深紅色の網目
状の膜を乾燥させたもの。ナツメグより繊細な香りがする。

1 鶏肉は皮を取り、包丁の先で両面に切り込みを数か所入れる。
ボウルに入れ、A を加えてもみ込み、20〜30分置く⒜。

2 フライパンに油を入れて中火で熱し、1 を焼く。表面の色が変
わったら裏返して同様に焼く⒝。

3 別のフライパンにギーと玉ねぎを入れて中火で熱し、薄いきつ
ね色になるまで炒める。牛乳を加え、トロトロになるまでさら
に炒める⒞。

4 すり鉢などに B を入れ、ペースト状にすり潰す⒟⒠。

5 4 と C を玉ねぎのフライパンに加え、1分ほど炒め合わせる。

6 焼いた鶏肉を 5 に加えて混ぜ⒡、蓋をして焦げつかないよう
にときどき混ぜながら20分ほど煮る。

7 湯100㎖（分量外）を加えて鶏肉がやわらかくなるまで10分ほ
ど煮る。D を加えて1分ほど煮る。塩適量（分量外）で味を調
えて皿に盛り、ごはんとともに食べる。

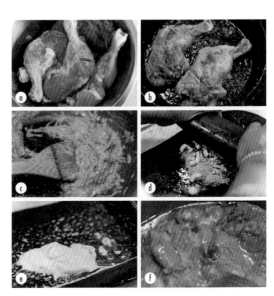

自家製ギーの作り方（でき上がり分量・150g）

"ギー"とはバターから水分などを取り除いたバターオイルのこと。植物性の油よりもコクがあり、料理に風味を出してくれる。バングラデシュ料理やインド料理では欠かせない。

作り方
① 鍋にバター（無塩）200gを入れ、中火にかける。
② バターが溶けたら極弱火にし、30分ほど煮詰める⑨。
③ バターから出る泡が細かくなり、鍋の底が見えるように透き通ってなってきたら火を止める。
④ 粗熱が取れたらフキンなどで絞って濾し⑥①、そのまま冷ます①。

バングラデシュの夜ごはんは少し遅めの午後10時頃。お腹が空いてしまうかと思いきや、
昼ごはんも遅めの午後2時頃なので納得。家で食べるのが基本だが、
夜ごはんを作ることはあまりなく、昼に残ったものを食べる家庭が多いそう。
紹介するアル・ゴビは昼ごはんにもよいメニュー。
ごはんやチャパティ、肉のカレーと一緒に食べる。

Aloo Gobi

アル・ゴビ
（じゃがいもとカリフラワーのカレー）

材料 （2人分）
じゃがいも … 2個
カリフラワー … 1/2個
玉ねぎ … 1/4個
A
| パンチホロン … 小さじ1/2
| クミンシード … 小さじ1/2
| カルダモン … 1粒
| ローリエ … 1枚
| 赤唐辛子 … 1本
B
| ターメリックパウダー … 小さじ1
| コリアンダーパウダー … 小さじ1
| おろししょうが … 小さじ1
| 塩 … 小さじ1
青唐辛子 … 1本
油 … 大さじ4

1 じゃがいもは皮をむき、4等分に切る。カリフラワーは
  小房に分け、茎は皮をむき、1cm幅に切る。玉ねぎは
  薄切りにする。

2 フライパンに油を入れて中火で熱し、玉ねぎをきつね色
  になるまで炒める。

3 Aを加え、スパイスが焦げないように香りが立つまで極
  弱火で炒めたら@、Bを加えてさらに炒める⑥。

4 じゃがいもとカリフラワーを野菜を加えて全体を混ぜ©、
  青唐辛子を加える。フライパンに蓋をし、弱火で野菜が
  やわらかくなるまでときどき混ぜながら炒める@。

5 皿に盛り、チャパティを添える。

Chapati

チャパティ

材料 （5～6枚分）
薄力粉 … 100ml
水 … 100ml
塩 … 小さじ1/2

1 鍋に分量の水を入れて沸かし、塩を加えて混ぜて火を止
  める。

2 熱々のうちに薄力粉を加え、ヘラで混ぜる⑥。

3 ある程度生地がまとまったらボウルに移し、水で濡らし
  た手で表面がなめらかになり、耳たぶ程度のかたさにな
  るまで捏ねる①。

4 台に打ち粉適量（分量外）をふり、棒状にして5～6等
  分にして丸める。

5 麺棒で直径20cm程度に薄くのばし⑧、強火で熱したフ
  ライパンで焼く。焼き色がついたら裏返し、膨らんできた
  らフライ返しで軽く押しながら焼く⑯。残りも同様に焼く。

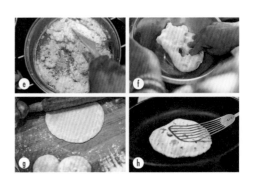

**スタータースパイスに使われる
ミックススパイス、「パンチホロン」**

ベンガル地方（東インドとバングラディシュ）の代表的なミ
ックススパイス、パンチホロン。"パンチ"とはベンガル語で数
字の5。クミンシード、フェンネルシード、マスタードシード、
フェネグリークシード、ブラッククミンシード、アジョワンシ
ートなどが入り、バングラデシュでは各家庭でミックスして作
ることもあるそう。爽やかさと甘さがあり、辛みもマイルド。
野菜料理の香りをよ
くし、魚の臭みを取
ってくれて、豆料理
との相性もよい。

Myanmar

အရသာရှိတယ်

おいしい：アヤダーシーデー

ポポさん
Popo

ミャンマーの古都・バゴー出身。バゴーは首都ヤンゴンから北に90kmほどに位置する街。ニックネームは中国語名の「宝宝」からポポ（ちなみにミャンマーでは姓がなく名のみ）。2005年に留学生として来日して以来、日本で暮らす。「おいしいものが好き！だからおいしいものを作るのが好き！」と食の探究心旺盛なポポさんの料理を食べた友人の推薦で、ニキズキッチンでクラスを持つように。

「ミャンマーは、タイ、ラオス、中国、インド、バングラデシュと複数の国と国境を接しているため、食にもそれらの国々の文化が混ざり合っているような気がします。例えば、タイ料理でよく使われるレモングラスやナンプラーはミャンマーでも定番の食材です。また、中華料理のような強火でさっと炒める野菜炒めもよく食べます。カレーも定番メニューですが、ミャンマーのカレーは近隣の国々の特徴をそれぞれ感じられる味だと思います」と、ミャンマー料理の特徴を教えてくれたポポさん。彼女が料理を始めたきっかけは、学生時代に寮生活になり、自炊するようになったこと。

「お馴染みのメニューでも地域によって、また家庭によって微妙に味や食材が違ってくるので、友人や友人のお母さんにそれぞれの家の味を教えてもらうのは楽しかったですね」

ミャンマー料理の味付けで特徴的なのは、辛いこと。でも、ナンプラーやカピ（シュリンプペースト）などの発酵調味料を使うので、辛さの中にも滋味深い旨みが感じられます。

「あとは、とにかくじっくり調理するのが大切だと母から教わりました。しっかりと炒めて、しっかりと煮込むこと。そうすることで味や色が染みてグッとおいしくなるんです」

そんなふうに調理に時間をかける料理が多いため、ミャンマーでは昼ごはんのおかずを多めに作って、夜ごはんにもそれを食べるのが一般的だそう。

「ミャンマーの昼ごはんは大人も子どももお弁当です。大人になって自分で料理するようになって初めて、朝早くから家族みんなの朝ごはんとお弁当を用意するのは大変だっただろうなと、母の苦労が分かりました」

そんなポポさんが一番故郷を思い出す料理、それがラ・ペッ・トゥ。発酵させた茶葉、ラ・ペッソーを使った和え物です。

「中国雲南省の酸茶やタイのミヤンなど、近隣の国にも発酵茶を食べる文化はありますが、ミャンマーのラ・ペッソーは茶葉の若い芽を使うのが特徴。味付けしたものも売っていますが、自分好みの味付けに仕上げて、野菜やナッツと和えたラ・ペッ・トゥを作る人が多いです。午後には、このラ・ペッ・トゥをお茶請けに、のんびりティータイム。香ばしく炒ったミャンマーのお茶とよく合います」

上／美しい仏塔のジュエリーアートは、ミャンマーの伝統工芸品。下／象のスパンコール刺繍が施されたタペストリーも土産物として人気。ミャンマーには白い象が現れると、国を救う王が現れるという伝説があり、特別な存在。

モヒンガーは朝ごはんによく食べる汁麺。
また、お祝いごとがあるときに近所にふるまったり、
お寺で無料でふるまわれたりすることもあるそう。
ミャンマーでよく使うナマズの代わりに、ツナ缶で。
スープは煮込むほどにおいしくなるので、
たくさん作っておいて次の日にも食べる。
麺は、ミャンマーでは米粉麺が一般的。
細さと食感が似ているそうめんで代用する。

မုန့်ဟင်းခါး
モヒンガー（ミャンマーの汁麺）

材料（6人分）
ルー
| 玉ねぎ … 20g
| にんにく … 3片
| しょうが … 2片
| レモングラス（茎）… 20g（1本）
| パプリカパウダー … 小さじ1
| 一味唐辛子 … 小さじ1
| ツナ缶（水煮でも油漬けでも可）… 3缶（200g）
| ナンプラー … 小さじ1
| ターメリックパウダー … 小さじ1/2
| 塩 … 少々
| 油 … 大さじ2

スープ
| 米 … 40g
| れんこん … 100g
| 玉ねぎ … 100g
| 茹で卵 … 6個
| ひよこ豆パウダー … 40g
| 塩 … 小さじ1
| 鰹だし（顆粒）… 大さじ1
| ナンプラー … 大さじ1
| 黒胡椒 … 小さじ1
| レモングラス … 1本
| 水 … 3.5ℓ

トッピング
| パクチーのざく切り … 適量
| 揚げにんにく … 適量
| トマトの薄切り … 適量
| 炒った粗挽き唐辛子 … 適量
| レモンのくし切り … 適量

そうめん … 600g

1 ルーを作る。玉ねぎとにんにくはみじん切りにする。しょうがはすりおろし、レモングラスは根元を潰してからみじん切りにする。フライパンに油を入れて弱火で熱し、玉ねぎ、にんにく、しょうが、レモングラスを焦げないように炒める。香りが立ったら、パプリカパウダーと一味唐辛子を加えて混ぜながら8〜10分よく炒める ⓐ。

2 ツナ缶、ナンプラー、ターメリックパウダー、塩を加えてさらに炒め、水分が飛んでペースト状になったら火を止める ⓑ。

3 スープを作る。米はフライパンで軽く色づき香ばしく香りが立つまで炒り、ミルなどで粉末にして水100mℓ程度（分量外）で溶く。れんこんは薄い半月切りにし、玉ねぎはひと口大に切る。茹で卵は、縦に数か所切れ込みを入れる。

4 鍋に水とひよこ豆パウダーを入れてよく混ぜ、強火にかける。豆の匂いがなくなるまで2〜3分沸騰させたら、2のルーを加えて10分ほど煮る ⓒ。

5 3、塩、鰹だし、ナンプラー、黒胡椒を加え、沸騰したら弱火にする。レモングラスを加え、ときどき混ぜながら、45分ほど煮る。

6 そうめんは袋の表示通りに茹で、流水で洗って水気をきる。器に盛り、5のスープと具をよそい、トッピングをのせて完成。食べながら、ナンプラー（分量外）を好みで足す。トッピングは地域によってさやいんげんやミント、ライム、天ぷらなどさまざま。

日本ではれんこんを使うが、本来ミャンマーではバナナの茎の中心部を使う。シャキシャキとした食感がれんこんとよく似て美味。

"チェ・ウ"は鶏卵のこと。
ミャンマーでは卵はお手頃で身近な食材で、
いろいろなメニューに登場する。
これは干し海老の風味を効かせて辛く炒めた、
ごはんにぴったりな味付けの卵のおかず。

ကြက်ဥ ငပိချက်
チェ・ウ・ナッピチェ（卵の炒め物）

材料 （4人分）
玉ねぎ … 150g
にんにく … 1片
茹で卵 … 4個
パクチーのざく切り … 適量
ターメリックパウダー … 小さじ1/2
粗挽き唐辛子 … 大さじ1
一味唐辛子 … 小さじ1/2
干し海老 … 15g
塩 … 小さじ1/2
ナンプラー … 小さじ1
油 … 大さじ1
湯 … 200㎖

1 玉ねぎとにんにくはみじん切りにする。茹で卵は縦に数か所切り込みを入れる。干し海老はミルで粉末にする。

2 フライパンに油を入れて中火で熱し、玉ねぎとにんにくをきつね色になるまで炒める。

3 ターメリックパウダー、粗挽き唐辛子、一味唐辛子を加えさらに炒める 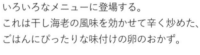（ⓐ）。

4 香りが立ったら、干し海老の粉末、塩、ナンプラーを加えてよく炒める。

5 茹で卵を加えて炒め合わせたら、湯を加え、水分を飛ばしながら炒める。

6 水分が飛んだら、パクチーを加えて混ぜ、完成 ⓑ。

チェ・ウ・ナッピチェはお弁当にも
人気のおかず。3段重ねのお弁当箱
にチェ・ウ・ナッピチェのような辛
いおかず、野菜炒め、そしてごはん
を詰める。

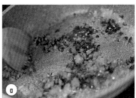

ⓐ

ⓑ

"チェッター"は鶏肉で"アルー"はじゃがいもの意味。
鶏とじゃがいもの入った、サラサラとしたカレー。
ミャンマーでは肉といえば鶏肉を食べることが一番多い。
骨つきもも肉が入るこの料理は、ちょっと特別な日のごちそう。
ミャンマーには缶詰食文化がないので、生のトマトを使うが、
代わりにトマト缶を使ってもOK。

ကြက်သား အာလူးဟင်း

チェッター・アルー・ヒン
（鶏肉とじゃがいものカレー）

材料（3〜4人分）
鶏もも肉（ドラムスティック）… 500g
下味
| 塩 … 小さじ1
| ターメリックパウダー … 小さじ1/2
じゃがいも … 300g
玉ねぎ … 200g
にんにく … 1片
しょうが … 1片
トマト … 100g
一味唐辛子 … 小さじ1
パプリカパウダー … 小さじ1
カレー粉 … 小さじ1
ナンプラー … 大さじ2
塩 … 小さじ1
湯 … 500mℓ
油 … 大さじ1

1　鶏肉は下味をよくもみ込み、30分以上置く⒞。

2　じゃがいもは皮をむいて4等分に切る。玉ねぎとにんにくはみじん切りにする。しょうがはすりおろす。トマトはざく切りにする。

3　フライパンに油を入れて中火で熱し、玉ねぎ、にんにく、しょうがをきつね色になるまで炒める。

4　一味唐辛子、パプリカパウダーを加えて香りが立つまで炒めたら、トマトを加える。トマトを崩し、水分を飛ばしながら炒める。

5　1を加え、味と香りが染み込むよう弱火でじっくり炒める⒟。

6　鶏肉に火が通ったら、ナンプラーと塩を加えて軽く混ぜ、湯を加えて15分ほど煮る。

7　じゃがいもを加えてさらに煮る。じゃがいもがやわらかくなったら、カレー粉を加えて全体に馴染ませ、2〜3分煮る⒠。

ミャンマーでは、鶏は1羽買って自宅でさばくのが一般的。今回使ったドラムスティックの代わりに手羽元で代用しても。

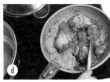

Myanmar

（107）

カレー粉は日本のものでOK。もし手に入ればミャンマーのカレー粉を。味も香りもよりスパイシーなのが特徴。

辛いのが苦手な方は、一味唐辛子をなしにして、その分パプリカパウダーを増やす。

ミャンマーの午後のお茶の時間に欠かせない一品、ラ・ペッ・トゥ。
材料のラ・ペッソーは蒸した茶葉を発酵させたもの。独特の発酵香と風味がある。
これに味付けし、野菜などと和えたものがラ・ペッ・トゥ。"トゥ"は混ぜるという意味。
味付けは各家庭によって異なる。辛みと塩気だけの場合もあれば、
ポポさんのレシピは、しょうがのせん切りやにんにくのみじん切り、干し海老も加える。
和える野菜は、キャベツやトマトのほか、ミャンマーではカリフラワーも定番。

လက်ဖက် သုပ်
ラ・ペッ・トゥ（発酵茶の和え物）

材料（作りやすい分量）
ラ・ペッソー（発酵茶）… 300g
A
| しょうがのせん切り … 50g
| にんにくのみじん切り … 50g
| 赤唐辛子の小口切り … 15g
| レモン汁 … 20㎖
| 干し海老 … 30g
| 鰹だし（顆粒）… 小さじ1
| ナンプラー … 小さじ2
| 塩 … 小さじ2
キャベツのせん切り … 適量
トマトの薄切り … 適量
ピーナッツ（味付き）… 適量
油（またはオリーブオイル）… 適量

1　ラ・ペッソーは湯（分量外）に浸す⒜。2分ほど置いたらよく洗い、ザルに上げて湯をきる。もう一度繰り返したら、しっかりと絞り、水気をきる。こうすることで独特の苦味と匂いを取る。

2　ボウルに1を入れてほぐし、Aを加えて手でよく混ぜる⒝。

3　消毒した瓶にぎゅうぎゅうに詰め、油を満たし、空気に触れないようにして保存する⒞。すぐに食べられ、冷蔵庫で2週間保存可能。

4　食べる際は、キャベツ、トマト、ピーナッツとよく和える⒟。

保存とおいしさのため、よく絞って水気を残さないことが大事。

日本の干し海老よりも小さくて、風味が強いミャンマーの干し海老。中華食材の干し海老などを使うのもよい。

スープは昼ごはんの残りと一緒に夜に食べることが多いそう。
魚のだしにたっぷり野菜のこのスープはポポさんのオリジナル。
彩りと食感、そして健康を考えて各色の野菜を組み合わせた。
「ミャンマーでは、にんじんは目や肌にいいといわれているし、
れんこんや里芋は胃腸にいいと考えられています」とポポさん。
そんな知恵を取り入れた身体にもおいしいスープ。

ပိန်းဥ ဟင်းချို

ペィン・ウ・ヒンガー（里芋スープ）

材料（4人分）
真鯛のあら（ほぐし身）… 50g（正味）
里芋 … 150g
にんじん … 50g
れんこん … 50g
にんにくのみじん切り … 1片分
黒胡椒 … 小さじ1/2
ナンプラー … 小さじ1
塩 … 小さじ1/2
鰹だし（顆粒）… 小さじ1
水 … 1.2ℓ

1. 真鯛のあらは茹でて骨と皮を取り除き、身をほぐす。里芋、にんじん、れんこんは皮をむいてひと口大に切る。

2. 鍋に湯を沸かし、1の真鯛の身、にんにく、黒胡椒を入れ、15分ほど中火で煮る⒠。

3. 1の野菜類、ナンプラー、塩、鰹だしを加え、野菜がやわらかくなるまでさらに15分ほど煮る⒡。

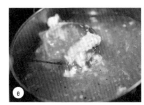

Myanmar

（109）

おかずが並んだ夜ごはんのテーブル。スープは大きなボウルに入れて食卓の真ん中に置き、家族でシェアするのがミャンマー流。

Thailand

อร่อย

おいしい：アロイ

ミキさん

Miki

タイの首都、バンコク出身のミキさん。料理をするようになったのは、結婚して主婦生活が始まってから。料理本を見ながら自分が食べたい料理を作ったり、友人とレシピを交換したりしながら、料理の腕を磨いた。アメリカ生活ののち、日本に暮らして30年以上。料理を作るのも食べるのも、そして教えるのも大好きで、ニキズキッチンでは10年以上にわたって講師を務め、日本でも作りやすい、そして美しくおいしいタイ料理を伝えてきた。

ミキさん愛用のクロック。石製のクロックヒンと木製のクロックマイを使い分ける。

辛い、酸っぱい、甘いが渾然一体となった味が魅力のタイ料理。「その中でも、たとえば南部はココナッツをよく使い、東北部はとても辛いなど、地域ごとに特徴があるんですよ」とミキさん。

「タイ料理は中華料理やマレー料理の影響も受けていますが、それぞれの料理が混ざり合って、タイ人好みの味になっているように思います。タイ人好みの味は、酸味とにんにくの風味、それから唐辛子の辛みですね」

タイのキッチンに必ずあるものは？ と尋ねると、出してくれたのは木製と石製のうす。クロックという調理道具です。

「木製のものはソムタム（パパイヤのサラダ）を作るもので、石製のものはスパイスやハーブをすり潰すのに使います」

道具だけでなく調味料でも、タイのキッチンに欠かせないものがあります。日本でもすっかり馴染み深くなったナンプラー、そしてタイのしょうゆです。シーユーダムは濃口しょうゆで、料理に甘みと色付けをするもの。パッタイ（タイの焼きそば）などに使います。シーユーカオは薄口しょうゆで、スープなどの味付けに使います。

最近は、自炊する人も少なくなり、特に都市部では外食やデリバリーが増えているタイ。食事の内容も、朝ごはんはパンとコーヒーで済ますという人も多い中、忙しいバンコクの人たちにも人気のストリートフードはお粥。また昼ごはんには日本でも人気のパッタイやヌードルスープなどの麺料理が定番です。

「ヌードルスープでは、平麺や細麺など好きな麺とトッピングを選びます。特にミートボールをのせたヌードルスープは、国民食といってもいいでしょう」

タイの1日の3食の中でメインとなるのは夜ごはん。ごはんにおかずが3品くらい。

「カレーやスープ、野菜炒めなど、辛いものと辛くないものを組み合わせます。日本でも定番のトムヤムクンのような具だくさんスープは夜に食べます。デリバリーやお惣菜を買って帰る人も最近は多いです」

作っていただいたスープを試食する際、刻んだ赤唐辛子を入れた酢を添えて「これもちょっと入れるとおいしいわよ」とミキさん。

「食べるときにお皿の上でそれぞれの好みに調味して完成するのもタイ料理の特徴。ぜひ試してみて！」

タイのお粥には2種類ある。
米の形がなくなるまで煮たジョーク。
米粒が残ってさらっとしているのがカオトム。
このカオトム・ムーサップは、肉団子のスープで仕上げた優しい味。
日本の米で作ってもよいけれど、仕上がりのサラサラ感と
香りが特徴なので、タイ米で作るのがおすすめ。

ข้าวต้มหมูสับ
カオトム・ムーサップ（タイのお粥）

材料（2人分）
豚挽き肉 … 200g
ごはん（タイ米または日本米）… 茶碗2杯分
シーユーカオ（p.112参照）… 大さじ2
コーンスターチ（または片栗粉）… 小さじ1程度
黒胡椒 … 適量
水 … 400ml
パクチーのざく切り … 適量
しょうがのせん切り … 適量
揚げにんにく … 適量
小ねぎの小口切り … 適量

1　ボウルに挽き肉を入れ、シーユーカオとコーンスターチ、黒胡椒を加えてよく混ぜる。

2　鍋に水を入れて中火にかけ、沸騰したら1をスプーンですくってひと口大の団子にして落とし入れる。

3　肉団子に火が通ったらごはんを加え、シーユーカオ適量（分量外）で味を調える。

4　どんぶりに盛り、パクチー、しょうが、揚げにんにく、小ねぎを添える。

（111）

"パッ"は炒める、"シーユー"はしょうゆ、"ガイ"は鶏肉という意味。
つまり、パッ・シーユー・ガイは、鶏肉を使ったタイのしょうゆ焼きそば。
今回はセンヤイという幅広の米粉麺を使用。うどんでも代用できる。
麺といえば米の麺が主流のタイ。日本では手に入りにくいが、
タイではどこでも生麺を売っているので、生麺を使うことが多いそう。
甘しょっぱいシーユーダムの風味が食欲をそそるタイらしい一品。

ผัดซีอิ๊วไก่

パッ・シーユー・ガイ（鶏肉の焼きそば）

材料（2人分）
鶏もも肉（または鶏むね肉）… 150g
センヤイ（幅広米粉麺）… 100〜120g
下味
　にんにくのみじん切り … 小さじ1
　シーユーカオ … 小さじ1
　砂糖 … ひとつまみ
　黒胡椒 … 少々
小松菜 … 1株
ブロッコリー … 1/2個
にんにくのみじん切り … 大さじ1
シーユーダム … 大さじ1
シーユーカオ … 大さじ1
砂糖 … 大さじ1
黒胡椒 … 適量
油 … 適量
粗挽き唐辛子粉 … 適量

タイの台所に欠かせない調味料4選

白い（カオ）という名の通り、色が薄くて塩気の強いシーユーカオ
（右）。日本のしょうゆと同じく大豆を主原料にした調味料。このシー
ユーカオをベースに糖蜜などを加えたのがシーユーダム（シーズニング
ソース・中右）。甘さやコクを出したいときに使う。これらはどちらも
基本調理の中で使う。お馴染みナンプラー（中左）やシーユーダムワン
と呼ばれる甘口しょうゆ（左）は、つけだれとしてもテーブルに並ぶ。

1　鶏肉は小さめのひと口大に切ってボウルに入れ、下味の材料を
　加えてもみ込み、10分ほど置く⒜。

2　センヤイは30分ほど水に浸して戻し、1分ほど茹でてザルに
　上げる⒝。小松菜は5cm長さに切る。ブロッコリーは小房に
　分け、さっと茹でてザルに上げ湯をきる。

3　フライパンに油とにんにくを入れて中火で炒める。香りが立っ
　たら1を加えて炒める。

4　鶏肉の色が変わったらセンヤイを加え、シーユーダム、シーユ
　ーカオ、砂糖を加えて炒める⒞。調味料が馴染んだら、野菜
　類を加えて手早く炒める⒟。

5　皿に盛り、黒胡椒をふり、好みで唐辛子粉をふる。

"カノム"はスナック、"パン"はパン、"ナー"は上、"クン"は海老。
このカナッペは揚げ立てがおいしいので、
パンに海老を塗るところまで用意して冷蔵庫に入れておいて、
食べる直前に揚げるのがおすすめ。
そして、食パンは古くなったものを使ったほうがおいしい。
子どもも大人も大好きなおやつ。

ขนมปัง หน้ากุ้ง

カノム・パン・ナー・クン
（海老すり身揚げパン）

材料 （作りやすい分量）
食パン（8枚切り）
　… 8枚（袋から出して乾燥させる）
むき海老 … 150g
豚挽き肉 … 150g
卵 … 1個
パクチーのみじん切り … 小さじ2
にんにく … 3片
塩 … 小さじ1/4
黒胡椒 … 小さじ1/4
シーユーカオ … 大さじ1
炒りごま（白）… 適量
油 … 適量
A
　きゅうりの薄切り … 適量
　プリッキーヌ（p.114参照）の小口切り
　　… 適量
　スイートチリソース … 適量

1　海老と挽き肉はフードプロセッサーに入れ、30秒ほど撹拌する。卵、パクチー、にんにく、塩、黒胡椒、シーユーカオを加えてさらに撹拌し ⓔ、ペースト状にする。

2　4等分に切った食パンに1を均一の厚さに塗り広げる ⓕ。

3　ペーストの表面に炒りごまを押さえるようにつけ ⓖ、170℃に温めた油にごまの面が下になるように静かに入れる。色づいたら裏返し、全体がきつね色になるまで揚げる。

4　皿に盛り、Aを合わせた付け合わせをのせて食べる ⓗ。

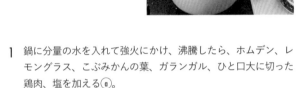

鶏肉の入ったココナッツミルクベースのスープ、トム・カー・ガイ。
ガランガルの爽やかな香りにココナッツミルクのまろやかな味わい。
あとからピリリッと赤唐辛子の辛さが追いかけてくる。
使うのは小ぶりでとっても辛いタイの赤唐辛子、プリッキーヌ。
トムヤムクンなど、タイの辛い料理には欠かせないフレッシュスパイスだ。

ต้มข่าไก่

トム・カー・ガイ
（鶏のココナッツミルクスープ）

材料（4〜6人分）
鶏もも肉（または鶏むね肉）… 2枚（500g）
ココナッツミルク … 200mℓ
きのこ（舞茸、しいたけ、エリンギなど数種合わせて）
　… 300g
ホムデン（赤わけぎ）の薄切り … 1個分
レモングラス（茎）の斜め薄切り … 2〜3本分
こぶみかんの葉 … 5枚
ガランガルの薄切り … 4片分
レモン汁（またはライム汁）… 3〜4個分
塩 … 小さじ1
ナンプラー … 大さじ3
水 … 600mℓ
プリッキーヌの斜め薄切り
　… 3〜5本
パクチーのざく切り … 適量
小ねぎの小口切り … 適量
A
｜ プリッキーヌの小口切り … 適量
｜ 酢 … 適量

1　鍋に分量の水を入れて強火にかけ、沸騰したら、ホムデン、レモングラス、こぶみかんの葉、ガランガル、ひと口大に切った鶏肉、塩を加える(a)。

2　沸騰したら中火にし、ココナッツミルクを加えてひと混ぜする(b)。あれば石づきを取り、ひと口大に切ったきのこ類を加える。

3　きのこ類に火が通ったら、ナンプラーを加えて味を見、必要であればナンプラー適量（分量外）を追加し味を調える。辛いのが好きな人はプリッキーヌの小口切り適量（分量外）を加えてもよい。

4　火を止めてレモン汁を加える。器によそい、プリッキーヌ、パクチー、小ねぎをのせる。Aを合わせたプリックナムソム（唐辛子を漬けた酢）を好みでかけて食べる。

タイ料理には「レモングラス」に「ガランガル」
「こぶみかんの葉」や
「プリッキーヌ」が欠かせない！

レモングラス（茎・左）とこぶみかんの葉（右）は爽やかな柑橘系の香り。プリッキーヌ（中上）は強い辛み。タイ語で"カー"と呼ぶガランガル（中下）は一見しょうがに似ているがより芳醇な香り。いずれもほかの東南アジアの国々でもよく使われる。

Indonesia

Enak

おいしい：エナック

インドネシアのジャカルタや東京を経て現在はシンガポールと、都会での生活が続いているイデリアさんですが、長く暮らしたバリ島西部は、観光客も少なくのんびりとしたエリア。あのゆったりとした素朴な雰囲気が懐かしくなるといいます。

「今も両親が住んでいるのでときどき帰りますが、東京からは飛行機で8時間以上もかかりますから、気軽には帰れない。だから日々インドネシア料理を作って、故郷を味わっていたわけです。でも、一度妊娠中にどうしてもバビグリン（豚の丸焼き。バリ島の伝統料理）が食べたくなってしまって我慢できず、えいっと飛行機に乗ったことがあります。空港からレストランに直行しましたね！」

イデリアさんの料理には、どれもバリ島の風景や思い出が紐づいています。早朝しか営業していない専門店でバナナの葉に包まれたお粥を食べる人々。お昼どきには十数種類のおかずが並ぶ人気の屋台の軒先。そして、海辺に自転車でやってくるクレポン（団子菓子）売り。

「どれも私にとって懐かしい故郷の味。そんなインドネシア料理をレッスンでみなさんと一緒に作って食べることで、仲よくなれる。料理は魔法みたいだな、といつも思っています」

そう話すイデリアさんに、今回はインドネシア・バリ島の朝、昼、夜のごはんとおやつを教えてもらいました。インドネシアは米食文化。だから食事にもおやつにも、米を使った一品やごはんによく合うおかずが並びます。

「インドネシア人は、カリカリ、シャキシャキ、ジューシーなどいろんな食感のおかずを混ぜて食べるのが好き。そんな"にぎやかな味"がインドネシア料理の魅力だと思います。食感だけでなく風味もにぎやかです。パンダンリーフやレモングラス、生の赤唐辛子やホムデン（赤わけぎ。インドネシアではバワンメラ）にガランガル（東南アジアのしょうが）など、フレッシュなハーブやスパイスをたくさん使いますから」

それらのフレッシュなハーブやスパイスをすり潰したブンブという調味料や、食べるときに添えるサンバルという唐辛子ソースを作ることから、調理は始まります。

「伝統的にはチョベックという調理道具を使いますが、今はフードプロセッサーを使う人が多いですね。それでも、料理に合わせてフレッシュスパイスを組み合わせてブンブやサンバルを作ることは、インドネシア料理には欠かせません」

イデリアさん
Idelia

インドネシア最大の都市、ジャカルタに生まれ、のちにバリ島でも暮らす。料理を教えてくれたのは共働きの両親に代わって面倒を見てくれた祖母。そのインドネシア料理を日本でも家族と自分のために作り続けていたところ、子どもの学校行事で料理したのをきっかけに、ママ友からニキズキッチンを紹介され、レッスンを開くように。日本に20年暮らしたのち、現在はシンガポール在住。

サンバルを作る調理道具、チョベック。石でできていて、ウルッグというすりこぎを使ってスパイス類をすり潰す。

屋台はカキリマと呼ばれている。インドネシア語でカキが足、リマが5。つまり、屋台の車輪が2つ、屋台を支える棒が1本、そして店主の足が2本で合計「5本の足」という意味だそう。

暑さを避けて涼しいうちに活動し始めるインドネシアの人たちは、
早朝6時〜7時ごろの出勤途中にカキリマ（屋台）で
朝食にブブールを食べる。
バリ島の人は、鶏肉のスープをかけたお粥に
鶏肉、香り豊かな野菜の和え物などさまざまなトッピングをのせ、
朝からしっかりお腹を満たす。

Bubur Bali
ブブール（バリ島のお粥）

材料（2〜3人分）
鶏むね肉 … 1枚（250g）
長ねぎのみじん切り … 2本分
レモングラス（茎）… 1本
ローリエ … 2枚
こぶみかんの葉 … 5枚
塩 … 適量
水 … 500mℓ
お粥 … 適量
ブンブ
　ホムデン（赤わけぎ）… 6個
　にんにく … 2片
　赤唐辛子（生）… 大1本
　キャンドルナッツ（または
　　カシューナッツか
　　マカダミアナッツ）… 3粒
　ガランガル … 20g
　しょうが … 15g
　ターメリック（生）… 15g
　（またはターメリックパウダー小さじ1）
　コリアンダーパウダー … 小さじ1/2
　油 … 大さじ1
トッピング
　茹でた鶏肉 … 適量
　ウラップ … 適量

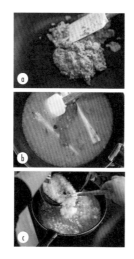

1　ブンブを作る。材料をすべてフードプロセッサーに入れ、ペースト状になるまで撹拌する。

2　フライパンに1を入れて弱火で熱し、香りが立つまで3〜5分炒める⒜。

3　2に水と鶏肉、かたい皮をむき潰したレモングラス、ローリエ、こぶみかんの葉を加えて中火で鶏肉に火が通るまで煮る⒝。

4　鶏肉は取り出し、長ねぎを加えて、塩で味を調える。

5　別に炊いておいたお粥を加えて⒞ひと混ぜする。器に盛り、4の鶏肉を細かくさいたもの、ウラップをのせて食べる。

Urap
ウラップ（野菜と
ココナッツの和え物）

材料（作りやすい量）
さやいんげん … 250g
ココナッツフレーク … 60g
レモン汁 … 大さじ1
ナンプラー … 大さじ1
ブンブ
　ホムデン（赤わけぎ）… 4個
　ガランガル … 10g
　しょうが … 10g
　にんにく … 60g
　ターメリック … 20g
　コリアンダーパウダー … 大さじ1

1　ブンブを作る。材料をすべてフードプロセッサーに入れ、ペースト状になるまで撹拌する。

2　フライパンに1を入れて弱火で熱し、香りが立つまで3〜5分炒める。粗熱が取れたらココナッツフレークを加えて混ぜる。

3　2〜3cm長さに切って軽く炒めたさやいんげんと2、レモン汁、ナンプラーをボウルに入れ、よく混ぜ合わせる。

インドネシアの定番の昼ごはん、ナシチャンプルは
ごはんの上に肉や魚、野菜などいろいろな食感と味の
おかずを選んでのせた定食。
アヤム・シシットはこのナシチャンプル屋さんには必ずあるおかずで、
イデリアさんが「バリ島が恋しくなると作る」一品だそう。

Ayam Sisit

アヤム・シシット
（鶏肉のレモングラス炒め）

材料（2〜3人分）
鶏むね肉 … 2枚（500g）
赤唐辛子（生）… 大3本
レモングラス（茎）… 1本
ホムデン（赤わけぎ）… 20個
ライム汁 … 1個分
トラシ … 8g
鶏ガラスープの素（顆粒）… 2つまみ
塩 … 少々
油 … 大さじ1

1 鶏肉は茹で、手で細かくさく。赤唐辛子は種を取り除いで斜め
薄切りにする。レモングラスはかたい皮をむいてみじん切りに
する。ホムデンは薄切りにして水にさらす ⓐ。

2 フライパンに油を入れて中火で熱し、鶏肉をじっくりと焼き目
がつくまで炒めたら、トラシを加えて全体を混ぜる。

3 赤唐辛子、レモングラス、水気をきったホムデン、鶏ガラスー
プの素を加えて弱火で炒める ⓑ。

4 ホムデンがしんなりするまで炒めたら、ライム汁を加えてざっ
と混ぜ、塩で味を調える。パサつき気味だったら、油大さじ1
程度（分量外）を加える。

5 ウラップ（p.117参照）などいろいろなおかずと一緒にごはん
にのせて食べる。

**海老の旨みたっぷり、
インドネシアの発酵調味料
「トラシ」**

トラシは海老を発酵させたペー
ストで独特の風味が特徴。油で
炒めると香ばしい香りが広がる。
料理に奥深い旨みやコクを生み
出す、インドネシア料理には欠
かせない調味料。最近は使いや
すい粉末もある。

パンダンリーフから抽出したエッセンスを加えた水で
もち粉を練るので、きれいな緑色に仕上がるクレポン。
パンダンリーフは独特の甘い香りの葉。
その風味と中からとろりと溢れるパームシュガーの蜜の
優しい甘さにうっとり。でき立ての熱々を召し上がれ。

Klepon
クレポン（バリ島の団子菓子）

材料（約15個分）
もち粉（または白玉粉）… 150g
パンダンリーフエッセンス … 小さじ1/2
パームシュガー … 50〜60g
ココナッツフレーク … 100g
塩 … ひとつまみ
水 … 100mℓ

1 ボウルにもち粉を入れ、パンダンリーフエッセンスを溶かした
　水を少しずつ加えてよく捏ねる。耳たぶ程度のやわらかさにな
　るよう、足りなかったら水を適宜足す◦。

2 1個15g程度の大きさに丸める。丸めたものを手のひらにのせ
　て軽く潰し、パームシュガー4〜5gをのせて包み込む◦。

3 鍋に湯を沸かし、パームシュガーを包んだ団子を2〜3回に分
　けて茹でる◦。浮いてきたらザルに上げて湯をきる。

4 バットなどにココナッツフレークを広げ、塩を加えて混ぜる。
　そこに3を転がして衣をつける◦。

**料理にはもちろん、お茶にもお菓子にも
活躍する「アジアのバニラ」**

パンダンリーフは、ふんわりと甘い香りを持つため、
「アジアのバニラ」と称される。東南アジア各国やイン
ド、スリランカでは料理に欠かせないハーブで、お菓子
だけでなく、カレーに使ったり、ごはんを炊くときに加
えたり、また煮出してお茶として飲んだりする。パンダ
ンリーフから抽出したエッセンスも一般的で、クレポン
にはこちらを使う。

（ 119 ）

夜ごはん

バリ島の中でも人気の高いビーチ、ジンバラン。
獲れ立ての魚を味わえるグルメスポットとしても知られる。
そのジンバランにある、イデリアさんお気に入りの
レストランの味を再現したレシピ。
"イカン"は魚、"バカール"は焼くという意味。
バリではマヒマヒ（シイラ）が一般的だが、今回はイサキで。
魚にブンブを塗って焼くので、辛さに香ばしさが加わる。
サンバル・マタでさらに爽やかな辛さも加えて、
奥深い味わいを楽しめる逸品。

Ikan Bakar Jimbaran

イカンバカール・ジンバラン
（魚のグリル、ジンバランビーチ風）

材料 （3～4人分）
白身魚（イサキなど）… 1尾
ライム … 1個
塩 … 適量
ブンブ
　ホムデン（赤わけぎ）… 4～5個
　にんにく … 7片
　赤唐辛子（生）… 5本
　トマト … 1個
　トラシ（p.118参照）… 4g
　パームシュガー … 5g
　油 … 大さじ1
　タマリンドペースト（またはレモン汁）… 大さじ1
　レモングラス（茎）… 2本
　こぶみかんの葉 … 2枚
　ローリエ … 2枚

1　ブンブを作る。材料をすべてフードプロセッサーに入れ、
　　ペースト状になるまで撹拌する。

2　1とタマリンドペースト、レモングラス、こぶみかんの
　　葉、ローリエをフライパンに入れて弱火で熱し、水分が
　　飛び、レモングラスなどの香りが立つまでじっくりと炒
　　める⒜。

3　白身魚はウロコ、内臓、エラを取って身を開き、洗って
　　水気をふく。身全体にライムを搾り、塩をふる。しばら
　　くそのまま置いて臭みを取る。

4　魚焼きグリルで3を焼く。身側を中火で2～3分焼き、
　　身に2を塗ってさらに2分ほど焼く⒝。裏返して皮目
　　を2～3分焼き、皮目にも2を塗ってさらに2分ほど焼
　　く。最後にもう一度返し、残ったブンブを身に重ねて塗り、
　　1分ほど焼く。

5　皿に盛り、ライ
　　ム（分量外）や
　　サンバル・マタ
　　を添える。

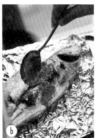

甘酸っぱい「タマリンド」は
調味料にもドリンクにも

タマリンドはマメ科の木の果実。タマリンド
ペーストは果肉を発酵させてペースト状にし
たもの。甘酸っぱい味で調味料として料理に
使ったり、飲み物にも使われる。

Sambal Matah

サンバル・マタ（フレッシュな唐辛子ソース）

材料 （作りやすい分量）
赤唐辛子（生）… 2本
ホムデン（赤わけぎ）… 4～5個
にんにく … 2片
レモングラス（茎）… 2本
こぶみかんの葉 … 1枚
トラシ（p.118参照）… 小さじ1/2
レモン汁 … 大さじ1/4
塩 … 少々
砂糖 … 少々
油 … 大さじ2

1　赤唐辛子、ホムデン、にんにく、レモングラス、こぶみ
　　かんの葉はみじん切りにしてボウルで混ぜる。

2　フライパンに油を入れて中火で熱し、トラシを炒める
　　⒞。香りが立ったら火を止め、1に加える⒟。

3　よく混ぜ、レモン汁、塩、砂糖で味を調える。

Indonesia

（ 121 ）

Vietnam

Ngon
おいしい：ンゴーン

中塚さん、森泉さん

Nakatsuka, Moriizumi

ご夫婦でベトナム料理店『オーセンティック』を営む中塚雅之さんと森泉麻美子さん。長年フレンチの料理長をしていた中塚さんは、ハーブや香辛料好きだったこともあり、ベトナム料理店の料理長に。妻の森泉さんは学生時代に東南アジアについて勉強し、ベトナム料理に興味を持つ。編集者、フリーライターのときに、取材を通して中塚さんと出会う。2007年東京・高円寺にて『オーセンティック』を2人でオープン。2011年東日本大震災の前日に浅草にリニューアルオープンし、2015年に松戸市に店をオープンさせる。2017～2019年は集中的にベトナムへ訪れ、『絶対食べたいベトナムごはん』（産業編集センター）を出版。店名となった"オーセンティック"は、本物を意味する。ベトナム各地の珍しい料理などもコースとして提供している。

https://authentique.seesaa.net/

上／ホーチミン市チョロンのビンタイ市場内のコムビンザンで食べた昼ごはん。好きなおかずを指さして選べるのがうれしい。下／ベトナムでは朝から肉をがっつり食べる人も多い。南部名物のコム・タムは、粉砕した炊いてごはんの上に焼いた豚肉、好みのおかずを選ぶワンプレートごはん。

南北に細長いベトナム。長い歴史の中で、今の形になったのは1976年。それまでにも紆余曲折あり、各地域が別の国だった時期も長く、北部・中部・南部と食文化はさまざまな違いが見られます。ざっくりいうと、北部は甘み控えめで南部は甘め。グエンフエ王朝があった中部は宮廷料理など、独自の食文化があります。

中塚さんと森泉さんがベトナムに通うようになったのは、2001年から。中塚さんがベトナム料理店の料理長になったのがきっかけでした。

「当時はまだ、直行便は関西国際空港だけ。渡航にビザも必須でした。この20年余りで世界でも有数の成長を遂げた国のひとつですね」と森泉さん。

「そんな中でも変わらないのが食べ物のおいしさ。日本より朝が早いベトナムでは早朝5時頃から、屋台やコムビンザン（食堂）がオープンします。街のあちこちで行列ができ、炭火の香ばしい香りが漂い始めます」と中塚さん。

首都ハノイは亜熱帯気候ですが、熱帯気候に属する地域が多いベトナム。体力を維持するためにも朝からしっかり食べる文化が根づいているよう。朝から麺料理、お粥、南部なら砕け米を炊くコム・タム、バイン・ミーというフランスパンのサンドイッチなど。まさに朝ごはん天国です。

昼ごはんは麺料理だけでなく、米を食べる人も多いです。お弁当を持っていく人、コムビンザンからデリバリーを頼む人。自宅で食べるときはごはんにおかず2～3品と汁物を必ずセットにするのがベトナムの定番だそう。日本と同様、マイ箸とマイ茶碗を持つ文化。昼ごはんのあとは2時間ほどの休憩があるのもベトナムらしい習慣です。

「家族の団らんをなによりも大切にする国なので、夜はなるべく家族全員で食べるのがベトナム流。昼と同様、おかずとごはんの食事であったり、大勢でわいわい楽しむときには鍋料理も大人気です」

日本と違い、暑いときこそ鍋！　という感じもあり、季節を問わず、ビールをグビグビ飲みながら、明るく楽しく食事を味わいます。

今回はそんな多彩なベトナムの食から、最大の商業都市ホーチミン市があり、日本からの旅行者も多い南部の料理をご紹介します。

バラエティ豊かなベトナムの朝ごはんの中でも、人気なのが"バイン・ミー"。
フランス統治下の際に生まれたバゲットのことで、独特の食感がある。
ベトナム全土で食べられているが、発祥とされるホーチミン市は、
具のバリエーションも多い。チュン・オプ・ラーは、目玉焼きのレシピ。
ベトナム流に仕上げるポイントは、
レバーペーストとなます、そしてパクチーにチリソース。
そんなサンドイッチのおともは、練乳たっぷりの濃いベトナムコーヒー。

Bánh Mì Trứng Ốp la

バイン・ミー・チュン・オップ・ラー
（目玉焼きのバイン・ミー サンドイッチ）

材料 （1本分）
バイン・ミー … 1本
　　（バゲットならやわらかいものを15cm長さに切る）
卵 … 2個
きゅうりの斜め薄切り … 3～4枚
トマトの薄切り … 2～3枚
パクチーのざく切り … 2～3本分
レバーペースト（市販品）… 大さじ2
マーガリン … 適量
油 … 大さじ1
黒胡椒 … 適量
ヌックマム（ベトナムの魚醤）
　　… 適量
チリソース … 適量
なます（作りやすい分量）
　　大根 … 5cm
　　にんじん … 1/3本
　　塩 … 適量
　　酢 … 大さじ4
　　砂糖 … 大さじ2

1　なますを作る。大根とにんじんは皮をむいて細切りにし、塩を
　　ふって10分ほど置く。さっと洗い、軽く水気を絞る。酢と砂
　　糖を合わせて大根とにんじんを加えてよく混ぜ、30分ほど置
　　く。残ったなますは冷蔵庫で2～3週間保存可能。

2　バイン・ミーは半分の厚みになるように切り込みを入れ、オー
　　ブントースターで軽く焼く。

3　フライパンに油を入れて中火で熱し、十分に温まったら卵を割
　　り落とす。好みの焼き加減で焼き、黒胡椒をふる。

4　2の断面にレバーペーストとマーガリンを塗り⒜、きゅうり、
　　トマト、3の目玉焼き、なます適量、パクチーを挟み⒝、ヌ
　　ックマムとチリソースをかける⒞。

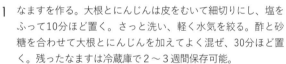

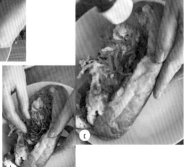

Vietnam

（123）

昼ごはん

ベトナムでは昼にごはんを食べることが多い。
"コム（ごはん）ビンザン（平民）"といわれる大衆食堂や
おかずを並べた屋台もたくさん登場。好きなおかずを指さすと
ごはんや漬け物と一緒に盛りつけてくれるスタイル。
ベトナム語が分からなくても注文できるのがうれしい。
自宅でも写真のように、ごはんにおかず2～3品と
汁物で昼ごはんを食べる。取り皿はなく、ごはんの上に
直接おかずをのせて食べ、締めに汁物をかけて食べ終わる。
日本以上にスープはとても大切な1品というわけ。

厚揚げの肉詰め トマト煮

子持ちししゃもの唐揚げ

れんこんのベトナムスープ

Đậu Hũ Nhồi Thịt Sốt Cà Chua

ダウ・フー・ニョイ・ティット・ソット・
カー・チュア（厚揚げの肉詰めのトマト煮）

材料 （2人分）
厚揚げ（木綿）… 2枚
トマト … 1個
玉ねぎ … 1/6個

A
　豚挽き肉 … 100g
　きくらげ（乾燥）… 3g
　春雨（乾燥）… 3g
　長ねぎのみじん切り … 2cm分
　にんにくのみじん切り … 1片分
　片栗粉 … 大さじ1
　ヌックマム（ベトナムの魚醤）
　　… 小さじ1/2
　塩 … 小さじ1/2弱
　黒胡椒 … 適量

B
　水 … 300ml
　ヌックマム（ベトナムの魚醤）
　　… 大さじ1
　ヌックトゥーン* … 大さじ1
　砂糖 … 大さじ1/2
　塩 … 適量
　黒胡椒 … 適量

C
　パクチーの粗みじん切り … 適量
　小ねぎの小口切り … 適量
　プリッキーヌの小口切り … 適量
　黒胡椒 … 適量

*ヌックトゥーンは、コクのある香りじょうゆで、甘くてドロッとして
いて独特の香りがある。料理のコクや甘み、風味づけに使われる。ヌッ
クマムと並ぶ、ベトナムの基本調味料。タイではシーユーダムと呼ばれ、
タイからの輸入商品も使われる。

1　厚揚げは6等分に切り、断面に切り込みを入れる⒜。
　　トマトはヘタを取り、粗みじん切りにする。玉ねぎはみ
　　じん切りにする。

2　Aのきくらげは水で戻して水気をきり、みじん切りにす
　　る。春雨は熱湯で戻して湯をきり、ハサミで1〜2cm長
　　さに切る。ボウルに残りのAとともに入れてよく混ぜる。

3　厚揚げの切り目に片栗粉少々（分量外）をふり、スプー
　　ンなどで2を詰め、断面を平らにする⒝。

4　鍋に油適量（分量外）を入れて中火で熱する。3の厚揚
　　げを全面こんがりと焼き⒞、取り出す。

5　同じ鍋に油大さじ1（分量外）を入れて中火で熱する。
　　玉ねぎを炒め、しんなりしたらトマトも加えて炒め合わ
　　せ、Bを加えて5分ほど煮る。

6　4の厚揚げを戻し入れ、厚揚げが浸る程度の水（分量
　　外）を加える。沸騰したら⒟、落とし蓋をして途中煮
　　汁をかけながらさらに5分ほど煮る。

7　器に盛って煮汁をかけ、Cをトッピングする。

Rau Muống Xào Chao

ラウ・ムン・サオ・チャオ
（空芯菜の腐乳炒め）

材料 （2人分）
空心菜 … 1束
にんにくのみじん切り … 1片分
赤唐辛子の輪切り … 1/2本分（種は取る）
砂糖 … 小さじ1/2
油 … 大さじ1/2
A
　チャオ（白腐乳）… 1片
　チャオ（白腐乳）の漬け汁 … 大さじ1/2

1　小さなボウルにAを入れ、スプーンなどでチャオを潰し
　　ながら混ぜる。

2　空心菜は3cm長さに切り、茎と葉に分ける。

3　鍋に熱湯適量（分量外）を沸かし、2の茎を入れてさっ
　　と茹でて湯をきる。

4　フライパンに油、にんにく、赤唐辛子を入れて弱火で熱
　　する。

5　香りが立ったら3と葉を加え、強火でさっと炒める。

6　1と砂糖を加えてざっと混ぜ、皿に盛る。

**発酵食品好きのベトナムでは
「チャオ」も人気**

ベトナムの魚醤、ヌック（水）マム（発
酵）は有名だが、フエより南はさらに発
酵臭が強いものが多くなる。豆腐に麹を
つけ、塩水の中で発酵させたチャオ（白
腐乳）もそのひとつ。ベトナムでは炒め
物やスープ、ベトナム特産の山羊鍋や山
羊の焼き肉にはこのチャオを使ったたれ
が添えられる。

左／ベトナム南部のカントー市で見つけたバインゴイという大きな揚げ餃子。チリソースをつけて食べる。右／ベトナムではコンデンスミルク、牛乳、ヨーグルト菌を混ぜ、発酵させてヨーグルトを作る。おやつとしてもお馴染みで街中でも売られているのをよく見かける。

Cá Trứng Chiên
カー・チュン・チン
（子持ちししゃもの唐揚げ）

材料（2人分）
子持ちししゃも … 8〜10尾
塩 … 適量
黒胡椒 … 適量
コーンスターチ（または片栗粉）
　… 適量
油 … 適量
ライムのくし形切り … 2切れ

1　子持ちししゃもは塩と黒胡椒を軽くふり、コーンスターチを全体にまぶす。

2　フライパンに油を1cm深さほど入れて中温で熱し、1を香ばしく揚げる。

3　油をきって皿に盛り、ライムを搾った塩につけながら食べる。

Canh Củ Sen
カイン・クー・セン
（れんこんの
　ベトナムスープ）

材料（2人分）
豚バラ薄切り肉 … 60g
れんこん … 80g
にら … 40g
にんにくのみじん切り … 2片分
水 … 500mℓ
ヌックマム（ベトナムの魚醤）… 大さじ1弱
塩 … 少々
黒胡椒 … 少々
油 … 大さじ1/2

1　れんこんは皮をむき、5mm厚さのいちょう切りにする。にらは2cm幅に切る。豚肉は叩いて細かい挽き肉にする。すでに挽かれた肉を使うより口当たりがよくなる。

2　鍋に油とにんにくを入れて中火で熱する。香りが立ったら1のれんこんを加えて炒め、油が回ったら豚肉を加えて炒め合わせる。

3　水とヌックマムを加えて沸騰したら弱火にする。れんこんに火が通るまで10分ほど煮る。

4　仕上げににらを加えてさっと火を通し、塩と黒胡椒で味を調える。

ベトナムはおやつ天国で、甘いおやつ、しょっぱいおやつ、フルーツのおやつと種類も豊富。紹介するバイン・チャン・チョンは好みの具材を選んでポリ袋やプラカップに入れてもらい、フォークや2本の竹串を箸代わりにして食べるもの。甘辛くて、ビールのつまみにもなる。

Bánh Tráng Trộn
バイン・チャン・チョン
（ライスペーパーの和え物）

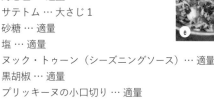

材料（2人分）
ライスペーパー … 2枚
さきいか … 30g
ビーフジャーキー … 30g
うずら卵（水煮）… 6個
青パパイヤの細切り … 50g
小ねぎの小口切り … 2本分
ライム汁 … 1/2個分
パクチーの粗みじん切り … 適量
ミントの粗みじん切り … 適量
青じその粗みじん切り … 適量
ピーナッツ（クランチ）… 適量
すりごま（白）… 適量
海老塩 … 適量
サテトム … 大さじ1
砂糖 … 適量
塩 … 適量
ヌック・トゥーン（シーズニングソース）… 適量
黒胡椒 … 適量
プリッキーヌの小口切り … 適量

1　ライスペーパーは半分に折り、ハサミで7mm幅程度の細切りにする。さきいか、ビーフジャーキーは1cm四方に切る。うずら卵は半分に切る。

2　すべての材料をボウルに入れて混ぜ(e)、味を見て、好みの味に調える。

ベトナム料理は
海老の旨みが味の決め手

ベトナム料理によく使われる「海老塩（左）」と「サテトム（右）」。海老塩は乾燥させてすり潰した海老と赤唐辛子、にんにくが入ったピリ辛の粗塩。炒め物や炒飯に使ってもおいしい。サテトムはレモングラスの香りと海老の旨みが詰まったベトナムのラー油。フォーやスープに加えると、ベトナムらしい風味が出る。

Vietnam

（127）

暑い時季こそ、ベトナムでは鍋をよく食べると聞き、びっくり。
南北に細長いベトナムでは、数えきれないほどの鍋がある。
北部では田ガニ鍋や、ディルや魚を油で焼くチャー・カー鍋。
南部では発酵鍋や食用花を使ったホア鍋が有名。
今回紹介する鍋は発酵鍋、ラウ・マム。
"ラウ"とは鍋で"マム"とは発酵を意味する。
スープのベースは日本の熟鮓（なれずし）のような香りがする、
川魚を発酵させた調味料、マム・カーリン、マム・カーサックを使う。
発酵と豚肉の旨み、ココナッツジュースの甘みを効かせた
濃厚なスープに魚介類とたっぷりの野菜を加えて複雑な味に。
最後の締めは、ベトナムのライスヌードル、ブン。
各自の椀にブンを入れ、スープを注いで食べるのがベトナム流。

Lẩu Mắm

ラウ・マム（魚介の発酵鍋）

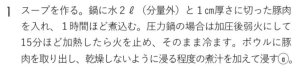

材料（4人分）

スープ

豚バラ肉（ブロック）… 300g
マム・カーリン … 300g
マム・カーサック … 300g
にんにくのみじん切り … 3片分
しょうがのみじん切り … 2片分
長ねぎのみじん切り … 1本分
レモングラス（茎）のみじん切り
　（かたい部分は除く）… 2本分
こぶみかんの葉 … 2枚
ココナッツジュース … 350ml
プリッキーヌ … 3本
粉唐辛子 … 大さじ1
ヌックマム（ベトナムの魚醤）… 大さじ1
砂糖 … 大さじ1/2
塩 … 少々
黒胡椒 … 少々
油 … 大さじ1

マム・カーサック
（左）とマム・カー
リン（右）、そ
れぞれ川魚の名前
の発酵食品。

具材

好みの魚の切り身（カジキ、鯛など）… 4切れ
海老 … 300g
イカ … 300g
ブン（乾燥・細麺。またはそうめん、フォーでも）
　… 100g
ハーブ類（パクチー、ノコギリコリアンダー、
　オリエンタルバジルなど）… 適量
バナナの花 … 1/4個
空心菜 … 1/2束
なす … 2本
オクラ … 4本
もやし … 1/2袋

ライム … 適量
塩 … 適量
プリッキーヌの小口切り … 適量
ヌックマム（ベトナムの魚醤）… 適量

1　スープを作る。鍋に水2ℓ（分量外）と1cm厚さに切った豚肉を入れ、1時間ほど煮込む。圧力鍋の場合は加圧後弱火にして15分ほど加熱したら火を止め、そのまま冷ます。ボウルに豚肉を取り出し、乾燥しないように浸る程度の煮汁を加えて浸す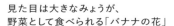。

2　1の煮汁にマム・カーリンとマム・カーサックを加え、弱火で30分ほど煮てから濾す。

3　別の鍋に油、にんにく、しょうがを入れて炒める。香りが立ったら長ねぎとレモングラスを加えてさっと炒め合わせ、2の煮汁、残りの材料、1の豚肉を煮汁ごと加え、さらに30分ほど煮る。

4　具材を用意する。魚の切り身は半分に切る。海老は背ワタを取る。イカはワタと軟骨を取り出し、よく洗ってペーパータオルで水気をふき、銅を輪切りにする。ブンは熱湯で7分ほど茹で、流水で洗って水気をきり、ハサミで食べやすい長さに切る。バナナの花はかたい外側の部分とバナナの赤ちゃんを外し、やわらかい部分をせん切りにして切ったそばから水にさらす。もやし以外の野菜類はそれぞれ食べやすい大きさに切る。

5　鍋にスープを沸かし、具材を入れる。ライムを搾った塩や、ヌックマムにプリッキーヌを入れたたれで具材をつけながら食べる。ブンは各自小鉢に入れ、スープを注いで食べる。

見た目は大きなみょうが、野菜として食べられる「バナナの花」

ベトナムの麺料理や鍋の具材、サラダで食べられるバナナの花。たけのこのように外側のかたい花びらをむいていくと小さなバナナの赤ちゃんが出てくる。赤ちゃんの部分とかたい部分は捨て、やわらかい花びらや芯の部分をせん切りにして食べる。非常にアクが強いので、触るとヤニのように手がべたべたになる。切ったらすぐに水にさらして変色を防ぐようにする。

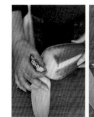

China

好吃
おいしい：ハオチー

イニさん

Yini

中国北京市出身。父が日本にまつわる仕事をしていた影響で、日本の伝統文化や若者文化に親しんで育つ。日本語を学ぶため留学したのを機に、日本に暮らして約30年。中国政府公認の評茶師の資格を持ち、中国茶教室を主宰していたことから料理教室も開くようになった。今も日本文化への興味は尽きず、最近は水引細工にハマっている。

イニさんの作る中国家庭料理は、2つのルーツがあります。ひとつはイニさんの母の出身地である四川。もうひとつはイニさん一家が暮らしてきた北京。四川料理も北京料理も中国四大料理に数えられます。

「四川料理は麻辣（マーラー）で知られていて、赤唐辛子や山椒をよく使います。でもただ辛いのではなく、しっかりと油で炒めることで、辛さだけでなく香ばしさと甘みを出すのがポイントです。あと一品、四川人にとって懐かしい故郷の味があります」

そう言って出してくれたのは、大きな壺。蓋をあけると独特の匂いがして、中には野菜の漬物です。

「これは泡菜（パオツァイ）という漬物です。壺の中の液体は、日本のぬか床のように代々受け継がれている漬け汁で、祖母から母へ、そして私へと受け継がれてきたものです」

使う野菜は大根やにんじん、さやいんげんなどの野菜。乳酸発酵で酸味がありますが、赤唐辛子がたくさん入っているのであと味はピリッと辛い。この泡菜が、四川の家庭では3食に必ず並ぶのだそう。

一方の北京は中国の首都。全国から人が集まり、豊かな食文化が展開しています。北京にいれば、中国各地の地方料理が味わえます。

「酢豚は広東料理のイメージが強いかもしれませんが、北京料理でも定番メニューです。また、北京料理は、河北省を挟んで南にある山東省の料理がルーツだといわれています。北京料理のメニューの半分はその影響を受けているんだそうですよ」

そんなふうにつながりを持ちながら、地域色豊かな中国の食文化ですが、どの地域でも3食をきちんと食べることは変わらないとイニさんは言います。

「朝ごはんはお粥か麺。日本に来たときは、朝からしっかり白いごはんを食べているのでびっくりしました（笑）。昼ごはんは会社の食堂などで食べる人が多いです。子どもの頃は一度家に帰って食べていました。夜ごはんは家族でテーブルを囲みます」

中国の人にとって、食べることは生きる楽しみであり、またコミュニケーションの場だとイニさん。おいしいものを一緒に食べてリラックスしてこそ腹を割って話せる、というわけです。

「食にまつわる中国らしい話といえばもうひとつあって、昔から三把刀（サンバダオウ）という言葉があります。『料理人（包丁）、理髪師（カミソリ）、仕立て屋（ハサミ）』の刃物を使う3つの職業になれば、どこでも生きていけるという意味なんです」

なるほど世界中に中華料理店があるのも納得の格言です。そんな奥深い中国の食文化から、みんなが大好きだというメニューを教えてもらいます。

会社の食堂の昼ごはんの様子。ごはんと、食べたいおかずを選ぶ。おかずは肉料理と野菜料理を組み合わせ、スープも一緒に。

イニさんが資格を有する評茶師とは、中国伝統のお茶文化を伝える専門家。お茶の淹れ方や飲み方だけでなく、茶葉に関する知識や文化にも精通している。

左／泡菜を漬ける壺。右／塩水に野菜と赤唐辛子、花椒やしょうがなどと一緒に漬ける。独特の酸味と辛みがクセになる。

イニさんのおうちの冬の朝ごはんの定番メニュー。
トマトの旨みがポイントのスープなので、
始めにしっかりと炒めることが大事。
麺は中国でよく使う乾麺の細さに近いひやむぎで。
スープ多めが好きな人は、水の量を増やしても。
「自家製ラー油を加えて辛くして食べるのが好きです」とイニさん。

西红柿焐锅麺

シーホンシー・チャンゴーメン
（トマトタンメン）

材料（2人分）
トマト … 1個
長ねぎ … 適量
小松菜（またはチンゲン菜）… 適量
ひやむぎ … 150g
卵 … 1個
塩 … 適量
湯 … 500㎖
油 … 大さじ1
ラー油（具入り）… 適量

1　トマトはヘタを取り乱切りにする。長ねぎはみじん切りにする。小松菜は食べやすい長さに切る。

2　フライパンに油を入れて中火で熱し、長ねぎを炒める。香ばしく香りが立ってきたら、トマトを加えて炒める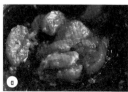。

3　トマトの水分が出て、形が崩れるまで炒めたら湯を加える。沸騰したらひやむぎを加えて煮る。

4　麺の茹で上がりの1〜2分前になったら、小松菜を加え、味を見て、塩で味を調える。

5　よく溶きほぐした卵を細く垂らしながら加え、卵がかたまったら火を止める。器に盛ってラー油をかけ、混ぜながら食べる。

China

(131)

この2品があれば、大人も子どももごはんのおかわりは必須。
イニさんの炒土豆絲は四川風に青花椒を加え、味をキリッと引き締める。
番茄炒蛋は卵をフワフワに仕上げるのがポイントで、
そのためにはしっかり煙が出るまで油を熱するのが大事。

炒土豆丝

チャオ・トゥドウスー
（じゃがいものせん切り炒め）

材料（2人分）
じゃがいも … 2個
長ねぎ … 少々
青花椒 … 小さじ1/2
しょうゆ … 小さじ1と1/2
塩 … 適量
黒酢 … 小さじ1
油 … 大さじ1と1/2

1 じゃがいもはせん切りにしてよく洗い、水にさらす。長ねぎは
みじん切りにする。

2 フライパンに青花椒と油を入れて弱火にかけ、ゆっくり温める。
パチパチして香りが立ってきたら、長ねぎを加えて強火で炒める。

3 香りが立ったら、しっかりと水気をきったじゃがいもを加え、
手早く炒め合わせる ⓐ。

4 じゃがいもが透明になってきたらしょうゆを加えてざっと混ぜ
る。味を見て、塩で味を調え、最後に黒酢を加えて全体をよく
混ぜる。

香辛料が四川料理の味の決め手！

麻辣で知られる四川料理。赤唐辛子のほ
か、各種香辛料で料理に風味を加える。
炒土豆丝で使った青花椒は真ん中の皿の
手前のもの。爽やかな香りが特徴。左の
皿の奥にある熟した実の花椒はしびれる
ような辛み。その手前の八角は独特の香
りとほのかな甘みを料理に添える。右の
皿の奥は桂皮で、その手前はスパイシー
な香りの草果。

番茄炒蛋
ファンチェ・チャオ・ダン
（トマトと卵の炒め物）

材料 （2人分）
卵 … 2個
トマト … 2個
長ねぎ … 少々
砂糖 … 小さじ1と1/2
塩 … 小さじ1/2
油 … 適量

1 トマトはヘタを取り乱切りにする。長ねぎはみじん切りにする。卵はよく溶きほぐす。

2 フライパンに油大さじ1を入れて強火で熱する。煙が出るまで熱したら卵を流し入れる。かき混ぜないで、菜箸で全体に広げながら油と馴染ませる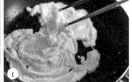。裏返して両面を焼きながら木ベラで小分けにし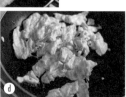、一度取り出す。

3 フライパンに油小さじ1を入れて長ねぎを炒める。香りが立ってきたらトマトを加える。あまり触らず、強火で火を通す。

4 トマトの水分が出てきたら砂糖と塩を加えて混ぜ、卵を戻し入れて軽く炒め合わせる。

ごはんにスープ、そしていろいろなおかずが並ぶのが中国の夜ごはんの食卓。
中でもみんなが大好きなメニューのひとつが酢豚。酢豚といえば、日本では野菜がいろいろ入っていて、
肉と野菜の割合が半々。しかし中国で酢豚といえば肉料理。ゆえに野菜はほとんど入らず、
地域によっては肉のみで作る場合もあるそう。ちなみに回鍋肉も肉料理。中国では豚肉ににんにくの葉を
少々加えて炒め上げる。肉料理では肉を食べ、野菜料理で野菜を食べるというのが中国の食卓なのだ。
さて、イニさんのこのレシピ、おいしく仕上げるコツは肉の揚げ方。
「決して火は弱めないこと。油の温度を維持して、しっかり色づくまで揚げます。
揚がった肉を取り出す際にも、火は弱めないで！ 最後まで油断は禁物ですよ」

咕咾肉
グーローロ（酢豚）

材料（4人分）
豚もも肉（ブロック）… 380g
にんじん … 1/2本
ピーマン … 1個
下味
　卵白 … 1個分
　紹興酒 … 小さじ1
　塩 … 小さじ1/2
　片栗粉 … 小さじ1
　白胡椒 … 少々
合わせ調味料
　しょうゆ … 小さじ1/2
　老抽（中国のたまりしょうゆ）… 小さじ1/2
　黒酢 … 大さじ2
　砂糖 … 大さじ2
　水 … 大さじ2
油 … 適量
片栗粉 … 小さじ1
水 … 大さじ2

1　豚肉はひと口大に切って水気をよくふき取る。ボウルに下味の材料をすべて入れ、そこに豚肉を加えてよくもみ込む。

2　にんじんとピーマンはひと口大に切る。合わせ調味料は小さなボウルなどに合わせる。

3　鍋に油をたっぷり入れて火にかけ、170℃程度に温める。にんじんを火が通るまで揚げ、次にピーマンを15秒ほど揚げる。

4　1に片栗粉（分量外）をまんべんなくつけ、油の温度が下がらないよう2〜3回に分けて揚げる。油に肉を入れたら触らず、周りがしっかりかたまるのを待つ。油の温度が下がるとべたつくので、肉を入れたら火を強めて温度を維持する。こんがり色づいたら取り出して油をきる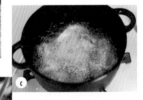。

5　フライパンに合わせ調味料を入れて中火にかける。砂糖が溶けてふつふつしてきたら、分量の水で溶いた片栗粉を2回ほどに分けて加える。とろみがついたらすぐに3と4を加え、手早くあんを絡める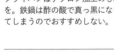。

フライパンはテフロン加工のものを。鉄鍋は酢の酸で真っ黒になってしまうのでおすすめしない。

真っ黒なたまりしょうゆは料理の色付けに！

中国のどの台所にもあるという「老抽（ロウチュウ）」は中国のたまりしょうゆ。料理にしっかり色をつけたいときに使う色の濃いしょうゆで、色だけでなくコクや照りも出せるので、今回の酢豚や北京料理の角煮、上海料理の肉団子には欠かせない。

China (Shanxi)

好吃
おいしい：ハオチー

近年でこそ小麦粉も栽培されるようになりましたが、李さんの出身地である中国北部の山西省では厳しい自然環境の下でもたくましく育つ高粱やきび、とうもろこしなどの穀物が生産の中心でした。古くから山西省では、それらの穀物の特徴を活かした形や調理法を用いた麺料理が発達しました。

「包丁で切る日本のうどんのような麺もありますし、そうめんのような手延べ麺もあります。かための生地の塊を包丁で削るようにして鍋に投入して茹でる刀削麺は日本でもお馴染みになりましたが、これも山西省の麺料理のひとつ。小さく丸めた生地を手のひらで転がしてのばす猫耳という麺もあります。また、えん麦を使った麺はグルテンがなくて茹でると溶けてしまうので、小さな筒状にした生地を蒸篭で蒸します」

李さんによると、麺の種類は数百ともいわれており、山西省ではどのレストランに行っても常に数十種の麺料理がメニューに並んでいるんだそう。

「だから、山西省に1か月滞在しても麺料理を全種類食べ切ることはできないといわれていますよ」

地元の人も米より麺をよく食べると李さん。朝ごはんには麺と野菜の入ったスープ、昼ごはんには麺料理に肉まんや焼餅（シャオビン）、烙餅（ロウビン）のような粉物料理を添えて、そして夜ごはんには朝や昼に食べるような麺料理に炒め物や煮物が加わります。麺のほかによく食べる食材は？ と尋ねると、じゃがいもとのこと。その食べ方は、蒸して潰して餅（ビン）に、切ってスープの具に、さっと炒めて、また湯通しして和え物に……といろいろな調理方法を駆使し、味や食感を変えてバラエティ豊かに味わいます。

「私の故郷は中国の中でも自然環境の厳しい土地で食材が豊富ではありませんでしたが、限られた食材でもメニューは多彩です。私たち中国人は、おいしいもの、新しい料理を食べたいという気持ちが強いのです。だから料理人は新しい料理を生み出し続け、料理店はしょっちゅうメニューを変えます。中華料理にメニューが多いのは、地域ごとに異なる食文化があるからでもありますが、なによりその食べることへの情熱の強さゆえなのだと思います」

李さんの実家での家族水いらずの食事風景。肉まんを片手に、いろいろなおかずを食べる。

李さん
Lee

麺の故郷といわれる中国山西省出身。地元で料理店を営む母の影響で小さな頃から料理に親しみ、料理学校に進む。卒業後は国内の料理店でキャリアを重ね、2003年に来日。2015年に故郷山西省の郷土料理を提供する『山西亭』を東京・新宿にオープンする。李さんが母から受け継いだ山西料理の味を求めて日本各地から山西人が訪れるほか、地域の人たちからも愛されている。ニキズキッチンでも李さんの山西料理を学ぼうと、全国から参加者がやってくるそう。

こちらはえん麦を使った麺料理「莜麺栲栳栳（ヨウミェンカオラオラオ）」。筒状の麺を蒸籠で蒸す。黒酢のたれやトマトのたれをつけて食べる。

五彩拌汤
ウーツァイ・バンタン（五色スープ麺）

材料（4人分）
じゃがいも … 1個
にんじん … 1/2本
玉ねぎ … 1/2個
しょうが … 1/2片
トマト … 1/2個
小松菜 … 1/2株
きくらげ … 3〜4個（水で戻す）
溶き卵 … 1個分
香菜のざく切り … 適量
しょうゆ … 大さじ1
塩 … 小さじ1
山西老陳醋（または黒酢）… 大さじ1/2
水 … 1.5ℓ
油 … 適量
麺
| 強力粉 … 150g
| 塩 … 2g
| 水 … 75ml

朝ごはん

赤、白、黄、青（緑）、黒の五色の具材で
見た目も鮮やかなスープ。
山西省では、米粒のような小さな麺を入れ
"拌湯（バンタン）"と呼びます。
中国南部ではすいとんのように麺を大きく作り、
"疙瘩（ガータン）"という名の料理に。
地方色豊かな中国の家庭の味。
五色の具材はお好みでアレンジして。

1 じゃがいも、にんじん、きくらげは7mm、玉ねぎは1cm、トマトは1.5cmの角切りにする。小松菜は7mm幅に切る。しょうがはみじん切りにする②。

2 麺を作る。ボウルに強力粉と塩を入れ、菜箸でよくかき混ぜながら水を少しずつ垂らす。粉がポロポロの細かい状態になるように少しずつ水を加え、粉気がなくなるまでよく混ぜる⑤。

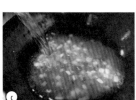

3 スープを作る。中華鍋に油を入れて強火で熱し、玉ねぎ、しょうがを炒める。香りが立ったら、じゃがいも、にんじん、トマトを順に加えて炒める。

4 水を加え、野菜に火が通るまで煮る©。

5 沸騰している4に、2の麺を加えて煮る④。

6 小松菜、きくらげを加え、溶き卵を細く流し入れ、かき玉状にする。

7 しょうゆと塩を加えて味を調え、最後に山西老陳醋を加えて火を止める。器に盛り、香菜を散らす。

昼ごはん

山西省の麺のひとつ撥魚（ポーユィ）は、
どんぶりに入れたやわらかい生地を鍋の上に傾け、
あふれて落ちそうな生地を箸のような棒状のもので
鍋の中に削ぎ落として作る。
それに似た家庭で作る麺がこの搓魚魚（ツォーユィユィ）。
どちらも麺が細長く小魚のように見えるので、
魚という字を名に冠する。
つるつるの麺がスープに絡んでおいしい。
麺はたくさん作ったら、生のまま冷凍して保存可能。

西红柿搓鱼鱼

シーホンシー・ツォーユィユィ
（トマトスープの小魚形麺）

材料（2人分）
トマト … 2個
長ねぎのみじん切り … 1本分
しょうがのせん切り … 40g
小ねぎの小口切り … 2本分
水 … 500㎖
塩 … 10g
油 … 大さじ1〜2
麺
　強力粉 … 200g
　塩 … 2.5g
　熱湯 … 120㎖

1 麺を作る。ボウルに強力粉と塩を入れて軽く混ぜたところに熱湯を加える。菜箸で混ぜ、粉全体に湯が馴染んだら、やけどしないように気をつけながら手で捏ねる ⓐ。まとまったら打ち粉（分量外）をふった台に出し、表面がつるつるになるまで捏ねる。

2 手で転がしながら生地を直径2㎝程度の棒状にのばす。それを1.5㎝程度ちぎって台の上に置き、手のひらで転がして端と端が細い魚のような形にする ⓑ。生地は冷めるとかたくなるので、温かいうちに一気に作ること。

3 スープを作る。トマトは湯むきし、1.5㎝角に切る。中華鍋に油を入れて強火で熱し、長ねぎ、しょうが、刻んだトマトをよく炒める。よく炒めることでトマトの酸味を飛ばして甘みを引き出す。水を加えて沸騰させる ⓒ。

4 別の鍋に湯を沸かし、2 の麺を4分ほど茹でる ⓓ。

5 湯をきった麺を沸騰している 3 のスープに加える。小ねぎを加え、塩で味を調える。

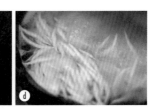

おやつ

餅といっても日本のように米で作るものではなく、粉類を捏ねて平たく丸くのばして焼いたもののこと。"土豆（トゥドウ）"はじゃがいもという意味。蒸したじゃがいもと小麦粉を混ぜて焼く土豆餅。李さんにとって、懐かしいお母さんの味だそう。じゃがいもの優しい風味とほんのり香る花椒が美味。

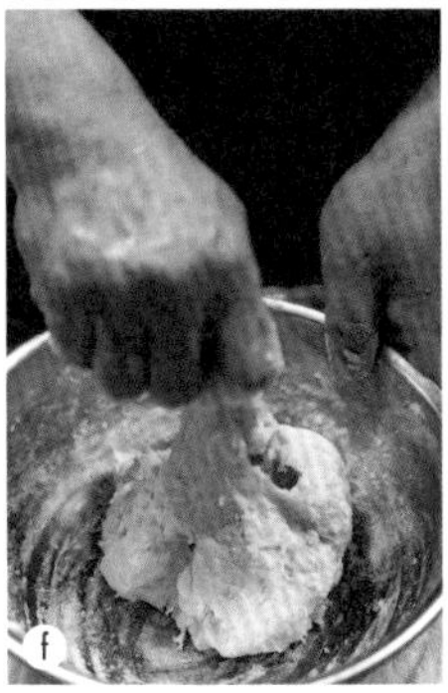

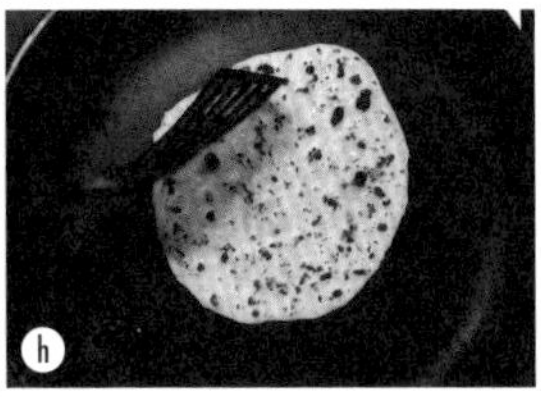

土豆饼

トゥドウビン（じゃがいものお焼き）

材料（6枚分）
じゃがいも … 400g
薄力粉 … 200g
長ねぎのみじん切り … 30g
塩 … 6g
花椒粉 … 1g
油 … 適量

1 じゃがいもは皮をむいて1㎝厚さに切り、蒸籠で15分ほど蒸す。茹でる場合は丸ごと茹でてから皮をむく。

2 ボウルに1を入れて熱いうちに菜箸や麺棒で潰しⓔ、薄力粉を加えて手で捏ねるⓕ

3 長ねぎ、塩、花椒粉を加えてさらによく捏ねる。もっちりした生地になったら、6等分して丸め、打ち粉（分量外）をふった台に出してそれぞれを麺棒で2～3㎜厚さに丸くのばすⓖ。

4 フライパンに油を入れて中火で熱し、両面をそれぞれ焼き目がつくまで焼くⓗ。

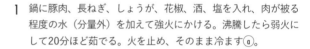

「これがあれば地元の汾酒（フンチュウ。高粱の蒸留酒）がいくらでも進むよ！」と、李さん。
"蒜泥（スワンニー）"は漬したにんにくという意味。
四川料理で知られるが、山西省でも人気のひと皿。
李さんの山西レシピでは、山西名物の黒酢、山西老陳醋（シャンシーラオチェンツ）を使う。
独特の風味とコクが加わるので、ぜひ手に入れて使ってみて。
ラー油は香辛料がたくさん入ったものを選ぶのがポイント。

蒜泥白肉
スワンニー・バイロウ
（茹で豚のにんにくソース）

材料 （3〜4人分）
豚バラ肉（皮付き、ブロック）… 500g
長ねぎ（青い部分）… 1本
しょうが … 1片
花椒 … 10粒
酒 … 適量
塩 … 適量
たれ
　にんにく … 50g
　しょうゆ … 大さじ6
　山西老陳醋（または黒酢）… 大さじ3
　砂糖 … 大さじ2
　花椒粉 … 小さじ1/2〜1/4
　炒りごま（白）… 少々
　ラー油（具入り）… 小さじ6
　塩 … 少々
トッピング
　きゅうり … 1本
　白髪ねぎ … 6cm分

1 鍋に豚肉、長ねぎ、しょうが、花椒、酒、塩を入れ、肉が被る程度の水（分量外）を加えて強火にかける。沸騰したら弱火にして20分ほど茹でる。火を止め、そのまま冷ます⒜。

2 たれを作る。にんにくは包丁で叩いてから麺棒などで潰す。塩をまぶしてそのまま20分置く（味と香りが馴染む）。ボウルに残りのたれの材料と一緒に入れ、よく混ぜる。ラー油は油だけでなく、沈んでいる香辛料の部分も入れる。

3 きゅうりはピーラーで薄く長くスライスし⒝、水にさらす。シャキッとしたら水気をふき、半分にふんわり折って皿に放射状に並べる。

4 冷めた豚肉を1の鍋から取り出し2mm厚さ程度に切り⒞、3の皿に並べる⒟。

5 白髪ねぎをのせ、2のたれを回しかける。

**その歴史は3000年以上!?
山西省の名産「山西老陳醋」**

3000年以上の歴史があるともいわれる山西老陳醋。高粱と大麦、えんどう豆を原料とし、かめで熟成させた黒酢だ。高粱は山西省では古くから食べられてきた穀物で、ミネラル豊富。山西老陳醋も豊富なミネラルやアミノ酸を含み独特のコクと旨みを持つ。山西省の寒暖差の中で熟成させることで風味を増すといわれている。

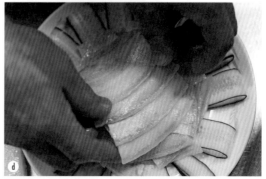

China (Shanxi)

Taiwan

小吃

おいしい：シャオチー

ソホンさん

Sohon

1997年に来日し、国際中医師と国際中医薬膳師の資格を得る。ニキズキッチンのクラスでは薬膳を取り入れた台湾料理が人気。実は編み物の師範の資格も持つ、多才なソホンさん。普段から身体によい食事を心掛けながら、夫と2人で外食でもいろんな国の料理を楽しんでいる。

台湾にはおいしい屋台が街中のあちこちにあり、安いこともあってか、昔からテイクアウト文化が根づいている国。そんな屋台フードは観光客にも人気だが、健康を気づかって家で作って食べる人もなかにはいるそうです。

「朝は午前6〜8時に朝ごはんを食べることが多くて、屋台を利用する人がほとんど。種類もたくさんあり、お粥と簡単なおかず、サンドイッチとコーヒーや牛乳、豆乳など。特に蛋餅（ダンビン）と鹹豆漿（シェントウジャン）などが人気ですね。昼ごはんも外食や惣菜をテイクアウトする人が多いです」とソホンさん。

夜ごはんは午後6時半〜8時頃。家族構成によって一緒に食べることもあるし、平日は残業する人、塾へ行く子どもが多いので、家族バラバラで食事することも日常的だそうで、日本と少し似ている感じがします。

「台湾を好きな日本の方も多いので、台湾料理は普段から食べ慣れているかもしれませんね。でも意外に普通の日は台湾人が何を食べているのか知らない人も多いかもしれません（笑）。味に関して言えば、しょうゆベースでやや甘めの味付けが多いです。あまりスパイスを使わないので、辛い食べ物がないのも特徴。というのも、台湾は島国で、他国の食文化の影響を受けていないため独自性があり、そういう意味で日本の方にも馴染みやすいと思います」

野菜も卵も火を通し、生で食べる習慣がない台湾。きゅうりも炒めるし、卵も固茹でが基本とのこと。今回は日本でも手に入る調味料で、台湾家庭の手軽な人気レシピを紹介します。

左／小麦粉の生地にねぎを巻き込んで焼いた葱油餅（ツォンユービン）は食べ歩きにもってこいのスナック。具はねぎだけでなく、卵やハム、チーズを巻いたものもある。右／見た目は厚揚げの炸臭豆腐（ザーチョウドウフ）。豆腐を麹と塩水に漬けて発酵させ、油で揚げたもの。チーズのような濃厚な味わいで、泡菜（バオツァイ）という白菜の酢漬けと一緒に食べるのが定番。

蛋餅は、もちもちの生地にふっくらした卵焼き、
甘いソースが決め手の朝ごはん。北京ダックの皮がなくても、
トルティーヤの皮でおいしく作れて、とても簡単。
旨みとコク、塩気のある豆乳スープ、鹹豆漿も
蛋餅と並ぶ人気の朝メニュー。
豆乳と酢を合わせることでふわふわの食感になる。

蛋餅
ダンビン（卵のクレープ）

材料 （2人分）
北京ダックの皮（またはトルティーヤ）… 2枚
卵 … 2個
小ねぎのみじん切り … 大さじ2
水 … 大さじ1
塩 … 少々
油 … 大さじ2
たれ
｜ 台湾のしょうゆ（またはしょうゆ）… 大さじ1
｜ 台湾のスイートチリソース（またはトマトケチャップ）
｜ 　… 大さじ1
｜ はちみつ … 小さじ1

1 ボウルに卵、小ねぎ、水、塩を入れてよく混ぜる。

2 フライパンに油大さじ1を入れて中火で熱し、1を半量
を流し入れて薄く焼く⒜。

3 2の上に北京ダックの皮1枚をのせ⒝、ヘラで押して
空気を抜きながら焼いて裏返す。皮に薄く焼き色がつい
たら、菜箸で巻く⒞。

4 もう1枚も同様に焼いて巻く。4等分に切り、合わせた
れをかけて食べる。

鹹豆漿
シェントウジャン
（豆乳のスープ）

材料 （2人分）
豆乳（無調整）… 400ml
桜海老 … 大さじ1 （フライパンで香りよく炒る）
たくあんの粗みじん切り … 小さじ1 （フライパンで香りよく炒る）
中華揚げパン（または揚げ麩）… 1本
酢 … 小さじ4
しょうゆ … 小さじ2
塩 … 小さじ1/4
小ねぎのみじん切り … 適量
ラー油 … 適量

1 豆乳は小鍋に入れて火にかけ、ふきこぼれないように注
意しながら温める。中華揚げパンは12等分に切り、オ
ーブントースターで色よく焼く。

2 器に酢、しょうゆ、塩を半量ずつ入れ、熱々の豆乳を注
ぎ、よく混ぜる。

3 桜海老、たくあん、中華揚げパンをそれぞれのせ、小ね
ぎを散らし、ラー油をかける。

台湾料理でよく登場する、
お馴染みの調味料

"醬油膏（ジョンヨウガオ）"という、台
湾のしょうゆ（左）はとろみと甘みがあ
る。"甜辣醬（テンラージャン）"という、
スイートチリソース（右）は甘口のチリ
ソース。トマトの甘みのあとに辛さがく
る感じで、炒め物はもちろん、ディップ
ソースなど、大人のトマトケチャップの
ように使える。

Taiwan

台湾屋台名物の香菇肉羹麺。肉と野菜のとろみスープで麺を食べる人気メニューで、ごはんにかけても美味。
ソホンさんのお母さんの得意料理だそうで、甘辛い味付けのしいたけがこの料理のポイント。
ウスターソースに似ている台湾の黒酢を、仕上げにかけて食べる。

香菇肉羹麺
シャンクー・ローゲンミー
（しいたけと豚肉のあんかけ麺）

材料（4人分）
豚ロース薄切り肉 … 200g
干ししいたけ … 20g
　　（きれいに洗い、ひと晩水で戻す）
干ししいたけの戻し汁 … 400㎖
溶き卵 … 1個分
中華麺 … 4玉
キャベツのせん切り … 150g
にんじんのせん切り … 70g
たけのこのせん切り … 50g
玉ねぎの薄切り … 70g
きくらげ … 3g（水で戻してせん切りにする）
おろししょうが … 大さじ4
片栗粉 … 大さじ3
A
│ しょうゆ … 大さじ1と1/2
│ 酒 … 大さじ1
│ ごま油 … 大さじ1
│ 砂糖 … 小さじ1/2
│ 炒りごま（白）… 少々
│ 片栗粉 … 大さじ2
B
│ しょうゆ … 大さじ1
│ 砂糖 … 小さじ1/2
C
│ ごま油 … 大さじ3
│ しょうゆ … 大さじ1
│ 鶏ガラスープの素（顆粒）… 小さじ1と1/2
│ 砂糖 … 小さじ1
│ 塩 … 小さじ1
│ 白胡椒 … 少々
香菜のざく切り … 適量
フライドエシャロット … 適量
台湾の黒酢（またはウスターソース）＊… 適量

1　豚肉は3㎝幅に切り、片栗粉以外のAで下味を馴染ませたのち、片栗粉をまぶして30分ほど置く。

2　戻した干ししいたけは水気を絞り、戻し汁は取り置く。せん切りにし、鍋に油大さじ4（分量外）を入れ、中火で熱して炒める。香りが立ったらBを加えて味を絡ませる。

3　別の鍋に水1ℓ（分量外）と干ししいたけの戻し汁を入れて中火にかける。沸騰したらキャベツ、にんじん、たけのこ、玉ねぎ、きくらげを加えて煮る。野菜がやわらかくなったらおろししょうがを加えて混ぜる。

4　強火にし、1の豚肉をひと切れずつ加える。

5　沸騰させてからCで味を調え、溶き卵を静かに流し入れる。水大さじ3（分量外）で溶いた片栗粉を加えて混ぜ、とろみをつける。

6　中華麺を袋の表示通りに茹で、湯をきって器に入れる。熱々の5を注ぎ、2の干ししいたけ、香菜、フライドエシャロットをのせ、台湾の黒酢をかけて食べる。

＊台湾の黒酢は中国の黒酢とは違い、野菜エキスなどを加えたまろやかな味で、甘酸っぱい味が特徴。

料理にコクを出す
トッピング「油葱酥」

油葱酥（ヨウツォンスー）はエシャロットを丁寧に油で揚げたもの。台湾の家庭では欠かせない薬味で、魯肉飯（ルーローハン）、ラーメン、スープなどにふりかけると、コクのある味に変化する。

Taiwan

朝ごはんやおやつにと、幅広い世代に親しまれる茶葉蛋。
コンビニでも売られている国民食で、卵好きの台湾の人は1度にペロリと1〜2個は食べてしまうそう。
家庭では炊飯器で作ることも多く、しょうゆベースの煮汁に、烏龍茶や紅茶などの茶葉で香りを加え、
八角とともに卵を煮込む。ソホンさん曰く、サンドイッチの具にもおすすめとのこと。
甘いおやつには、緑豆沙牛奶。夏に好まれるドリンクで、茹でた緑豆と牛乳で作るスムージー。
甘くて満足感もあり、ほてった身体の熱を取り、夏風邪、食欲不振にも効果がある台湾の薬膳ドリンク。
砂糖を控えめにして熟したバナナを加えたり、緑豆を多めにするなど、好みでアレンジを。

緑豆沙牛奶
ルイドウ・サーニョウナイ
(緑豆と牛乳のスムージー)

材料（作りやすい量）
緑豆（乾燥）… 200㎖
水 … 500㎖
牛乳 … 適量
砂糖 … 適量

1 緑豆は洗い、鍋に分量の水とともに入れる。中火にかけ、沸騰したら表面が少しふつふつする程度の火加減にする。緑豆が指で潰れる程度にやわらかくなるまで20〜30分茹でる。

2 粗熱が取れたら湯をきって密閉容器に移し、冷蔵庫で冷やす⑥。

3 1人分のスムージーを作る。ミキサーに2の緑豆大さじ1〜2、牛乳100㎖、砂糖大さじ1を入れ、なめらかになるまで撹拌してグラスに注ぐ。残った緑豆は保存袋または密閉容器に入れて冷凍保存する。

⑥

茶葉蛋
チェーイエダン（お茶の煮卵）

材料（作りやすい分量）
茹で卵（殻付き）… 8個
紅茶の茶葉 … 6g
烏龍茶の茶葉 … 6g
八角 … 2個
しょうゆ … 100㎖
塩 … 大さじ2

1 茹で卵はスプーンの背で殻を軽く叩き、ひびを入れる。

2 鍋に入れ、卵が被る程度の水（分量外）、紅茶と烏龍茶の茶葉、八角、しょうゆ、塩を加えて中火にかける。

3 沸騰したら弱火にし、常に煮汁が被るようにしょうゆ（分量外）を足しながら3時間半ほど煮たら火を止め、味を馴染ませる。粗熱が取れたら、密閉袋に入れて冷蔵庫で1週間保存可能ⓐ。

ⓐ

屋台でテイクアウトしたものを食べる家庭も多い台湾。
家で作るなら手軽な鍋や炒め物が多いそうで、あまりお酒を飲む習慣が少ないないため、
おかずとごはんをしっかり食べる食文化。九層塔炒海瓜子はあさりとバジルの炒め物。
"九層塔（ジョウチェンター）"とは台湾バジルのことで、
日本で売られている一般的なスイートバジルより風味が強いのが特徴。
そのため、日本で作る際は、茎も使って風味を出す。
あさりの旨みが移った汁はごはんにかけて食べると、これまた絶品。

九層塔炒海瓜子

ジョウチェンター・ツァオ・ハイグワツー
（あさりとバジルの炒め物）

材料（4人分）
あさり … 300g（砂抜きする）
スイートバジル … 2枝
にんにくのみじん切り … 大さじ1
しょうがのみじん切り … 大さじ1
赤唐辛子 … 1本
水 … 大さじ2
しょうゆ … 大さじ1/2
砂糖 … 小さじ1
酒 … 大さじ1
油 … 大さじ1
塩 … 適量

1　あさりは殻をこすり洗いをして水気をきる。

2　フライパンに油を入れて中火で熱し、にんにく、しょうが、ちぎった赤唐辛子を炒める©。

3　香りが立ったらあさり、水、しょうゆ、砂糖を加え④、軽く炒め合わせて蓋をする。

4　あさりの口が開いたら酒と茎ごとちぎったスイートバジルを加え、軽く炒め合わせる⑥。味を見て、塩で調える。

Taiwan

Korea

맛있어요

おいしい：マッシソヨ

「韓国料理にもトレンドがあり時代によって変化します。祖母、母と代々受け継いできた基本のレシピは変わりませんが、それを取り入れながら生まれたのが私の料理です」

ニキズキッチンのレッスンでは、料理を作りながらおしゃべりも楽しんでいるというミンジョンさん。食べ歩きも好きですが「韓国料理は自分で作るのが一番おいしい！」と笑顔で胸を張ります。

「好きなのは肉料理。野菜は苦手だと思っていましたが、そんな私でも韓国料理を食べていれば、自然と野菜を食べているんです。例えば、キムチは毎食必ずたっぷり食べます。外食でもキムチはおかわり自由なところがほとんど。白菜キムチとカクテキ（大根のキムチ）が一番ポピュラーですが、ネギキムチやヨルム（大根の若葉）キムチ、オイソバギ（きゅうりのキムチ）に水キムチなど、いろいろな種類がありますから、食べ飽きません」

そしてもうひとつ、韓国の食事に欠かせないものがごはんです。昼には麺も食べますが、朝と夜はごはんとスープにおかずが定番だといいます。

「"밥심（パプッシム）"という言葉があるんです。"밥"は飯、"심"は心という意味で、ごはんを食べて元気を出そう！というような意味です。韓国人にとって食事の中心はごはんなんです」

そんなごはんのおともにぴったりな韓国のおかずの数々。デパ地下やお惣菜屋さんにもたくさんのおかずがお手頃価格で並んでいるそう。それらと家で作るおかずがずらりと食卓に並ぶのが韓国の食卓。味付けには、コチュジャンや唐辛子粉にすりごまやにんにくなどを組み合わせたヤンニョム（合わせ調味料）がよく使われます。日本ではヤンニョムチキンが流行ったことで知られましたが、実は料理や食材に合わせてヤンニョムの材料は変わります。

「ヤンニョムはいろいろな材料を混ぜ合わせて作ります。『混ぜる』は、韓国料理のキーワードだと思うんです。ヤンニョムを食材としっかり混ぜて下味をつけたり、食べるときによく混ぜ合わせたり。作るにおいても食べるにおいても、『混ぜることでもっとおいしくなる』というのが韓国料理らしさなのかなと思います」

ミンジョンさん

Min Jeong

小学校6年生のとき、父の仕事の関係で1年間東京都に暮らし、日本で小学校を卒業。その後韓国に戻り、大学時代には学業のかたわら、フレンチやイタリアン、パン作りなどの料理教室に通う。韓国家庭料理を本格的に作るようになったのは結婚がきっかけ。日本に暮らしてもうすぐ20年。友人の紹介でニキズキッチンで韓国料理を教えるようになってからは10年以上。写真映えするおいしいレシピと楽しいおしゃべりが人気。

上／市場のお惣菜屋さん。キンパ（海苔巻き）からキムチまでさまざまな料理が並ぶ。下／市場にはお惣菜店だけでなく、その場で食べられる屋台も。

常備菜の定番のひとつ、大豆の葉の漬物「コンニプ・チャンアチ」。

豆もやしは韓国では定番の野菜。そのおいしいだしを
丸ごと味わうコンナムルクッ（豆もやしスープ）に
卵焼きを組み合わせて朝ごはんに。
卵焼きにはスパムミートや野菜を刻んで入れたり、
キムケランマリ（海苔の卵焼き）も手軽でおいしい。
隠し味の青唐辛子を、卵の甘みの中にピリッと効かせて。

콩나물국
コンナムルクッ（豆もやしスープ）

材料 （4人分）
豆もやし … 200g
おろしにんにく … 大さじ1
長ねぎ … 1/2本
青唐辛子 … 1本
昆布（7㎝長さ） … 1枚
グッカンジャン（またはだししょうゆ） … 大さじ1
塩 … 適量
水 … 1ℓ

1 長ねぎと青唐辛子は斜め薄切りにする。

2 鍋に水と昆布を入れ、ゆっくり煮てだしを取る。沸騰し
  たら昆布を取り出す(a)。

3 豆もやしは軽く洗って水気をきり、沸騰している2の鍋
  に入れ、4〜5分煮る。

4 にんにく、1、グッカンジャンを加える。味を見て、塩
  で味を調えて器によそう(b)。

家庭科で茹で方を習うというほど、韓国料理
に欠かせないもやし。途中で蓋を開けたり閉
めたりすると豆臭さが残るので、最初から最
後まで蓋をしないか、蓋をするなら茹で上が
るまで開けないのが鉄則。

김계란말이
キムケランマリ（海苔の卵焼き）

材料 （2人分）
卵 … 3個
長ねぎ … 1/3本
青唐辛子 … 1本
韓国海苔 … 8〜10枚
みりん … 大さじ1
塩 … ひとつまみ
黒胡椒 … 少々
油 … 適量

1 長ねぎと青唐辛子はみじん切りにする。

2 ボウルに卵を割り入れ、1、みりん、塩、黒胡椒を加え
  てよく混ぜる(c)。

3 フライパンに油を入れて中火で熱し、2の1/3量を流し
  入れ、全面に海苔2〜3枚を並べる。海苔の上に卵液を
  少し垂らし、海苔がはがれないようにして巻く(d)。

4 空いたところに2の残りの半分程度を流し入れて薄く広
  げ、再度全面に海苔を並べ、3と同様に巻く(e)。

5 残りの卵液を流し、海苔を並べて巻く。食べやすい厚さ
  に切る(f)。

> 常備菜

韓国の食卓には常備菜が欠かせない。ミンジョンさん曰く「どの家庭でも冷蔵庫には何種類も常備菜が入っている」そう。
お弁当のおかずにも定番のジンミチェ・ポックムは、
ミンジョンさんが母から教えてもらった「宝物のレシピ」。
チャンチョリムも常備菜の定番。
作り立てでも、しばらく置いて味が馴染んでからでもおいしい。
肉はゴロゴロと大きめで作り、食べるときに手でひと口大にさいて器に盛る。
スープやおかずと合わせて食卓に並べれば、ごはんがモリモリ進むこと間違いなし。

韓国の家庭に欠かせない3つの調味料

韓国の台所には必ずある調味料は、左からメシルチョン（梅エキス）、ムルヨッ（コーンシロップ）、グッカンジャン（スープ用しょうゆ）の3本。メシルチョンは、甘酸っぱい梅のエキスで、風味のよい甘さを料理に加えられる。ムルヨッは、日本の水あめよりもサラサラしていて使いやすく、韓国では砂糖よりコーンシロップをメインに使うそう。砂糖で甘みととろみをつけると冷えたときにかたくなってしまうが、ムルヨッはかたくならないので、冷蔵庫に常備するさきいかの甘辛和えなどには欠かせない。オリゴ糖シロップを使ってもOK。また、グッカンジャンは甘みや旨みも配合されており、その名の通り、スープの味付けによく使う。日本のだししょうゆに似ており、代用もできる。

진미채 볶음
ジンミチェ・ポックム
（さきいかの甘辛和え）

材料（作りやすい分量）
さきいか … 150g
おろしにんにく … 小さじ1
マヨネーズ … 大さじ1
炒りごま（白）… 適量
油 … 大さじ1
ヤンニョム
　しょうゆ … 大さじ1
　ごま油 … 大さじ1
　コチュカル（細挽き唐辛子粉）… 大さじ1
　コチュジャン … 大さじ1と1/2
　ムルヨッ（コーンシロップ）… 大さじ2
　みりん … 大さじ2
　砂糖 … 小さじ1

1　さきいかは水でさっと洗い、しっかりと水気を絞り、食べやすい大きさに切る。かたいものの場合はぬるま湯で洗ってもよい。

2　フライパンに油を入れて弱火で熱し、にんにくを炒める。

3　香りが立ったら火を止め、ヤンニョムの材料をすべて加えて弱火にかけ、混ぜながら炒める⒜。

4　ふつふつしてきたらごく弱火にし、1を加えてしっかりと混ぜ、ヤンニョムとよく馴染ませる。火を止めたら、仕上げにマヨネーズを加えてよく混ぜる⒝。皿に盛り、炒りごまをふる。

「コチュカル」は粗挽きと細挽きを
使い分ける！

こちらも韓国の台所に欠かせないコチュカル（唐辛子粉）。これは細挽きでヤンニョムなどによく使う。粗挽きはキムチなどに使う。

장조림
チャンチョリム
（牛肉とうずら卵のしょうゆ煮）

材料（2人分）
牛もも肉（ブロック）… 200g
うずら卵（水煮）… 10個
長ねぎ … 1本
エリンギ … 2本
しし唐辛子 … 15本
にんにく … 5片
黒胡椒（粒）… 小さじ1
A
　しょうゆ … 大さじ5
　グッカンジャン（またはだししょうゆ）… 大さじ3
　みりん … 大さじ4
　メシルチョン（梅エキス）… 大さじ1
　はちみつ … 大さじ3
　水 … 300mℓ

1　長ねぎは5cm長さに切る。エリンギはひと口大に切る。しし唐辛子はヘタを取る。牛肉は4〜5等分に切る。黒胡椒はお茶パックに入れる⒞。

2　鍋に牛肉、長ねぎ、黒胡椒、Aをすべて入れ、弱火で15分ほど煮る⒟。

3　長ねぎと黒胡椒を取り出し、エリンギを加えて15分ほど煮る。

4　うずら卵、しし唐辛子、にんにくを加え、牛肉がやわらかくなるまで10分ほど煮る。牛肉をひと口大程度に手でさいて⒠、皿に盛る。

麺類の中も特に人気のうどん。
専門店もたくさんあり、それぞれのお店でだしの味も
トッピングのタデキ（辛み調味料）の味も違って、
みんな自分の好みの店を持っているんだそう。
「このレシピのだしは私の自慢の味です！」

칼국수

カルクックス（韓国うどん）

材料（2〜3人分）
生うどん（または冷凍）… 2〜3人分
あさり … 100g（砂抜きしてこすり洗いする）
プゴ（韓国の干し鱈）… 20g
にんじん、ズッキーニ、玉ねぎ、エリンギ … 各適量
おろしにんにく … 小さじ1/2
塩 … 小さじ1
だし
　煮干し … 10尾
　大根 … 300g
　長ねぎ … 1/2本
　しょうが … 1/2片
　昆布（7cm長さ）… 2枚
　りんご … 1/8個
　パイナップル（缶詰）… ひと切れ
　水 … 1.5〜2ℓ
タデキ（作りやすい分量）
　コチュカル（細挽き唐辛子粉）… 大さじ2
　長ねぎのみじん切り … 1/3本分
　青唐辛子のみじん切り … 2本分
　おろしにんにく … 大さじ1
　しょうゆ … 大さじ4
　砂糖 … 大さじ1/2
　すりごま（白）… 大さじ1

1 にんじん、ズッキーニ、玉ねぎ、エリンギはすべてせん切りにする。

2 タデキを作る。ボウルにタデキの材料をすべて入れ、よく混ぜる。

3 だしを取る。煮干しは頭と腹ワタを取ってお茶パックに入れる。大根は5cm厚さ程度の輪切りにする。しょうがは薄切りにする。鍋にだしの材料をすべて入れ、中火で30分ほど煮る。

4 3の鍋からだしの材料をすべて取り出し、あさりとプゴを加えて5分ほど煮る。

5 プゴを取り出し、にんにくと塩を加える。プゴは粗みじんにし、1の野菜類と一緒に鍋に加え、沸騰させる。

6 どんぶりに茹でたうどんを入れ、5のスープをかけて野菜、プゴ、あさりをきれいに盛りつける。タデキを加えて味を変えながら食べる。

冷蔵庫に残った野菜や好みの野菜をせん切りにしてのせた麺料理。りんごはとっても合うので必須。
ヤンニョムの辛さと酸味、生野菜のさっぱり感が絡まりあって、夏のランチにぴったりのメニュー。

비빔면
ビビンククス（ビビン麺）

材料（2人分）
きゅうり、レタス、りんご、にんじん、ミニトマト
　… 各適量
茹で卵 … 1個
そうめん … 適量
ヤンニョム
　玉ねぎのみじん切り … 小1/2個分
　おろしにんにく … 大さじ1
　おろししょうが … 少々
　コチュカル（細挽き唐辛子粉）… 大さじ4
　コチュジャン … 大さじ3
　しょうゆ … 大さじ2
　酢 … 120mℓ
　ムルヨッ（コーンシロップ）… 大さじ3
　メシルチョン（梅エキス）… 大さじ3
　砂糖 … 大さじ3

1　きゅうり、レタス、りんご、にんじんはすべてせん切りにする。ミニトマトは半分に切る。茹で卵は半分に切る。

2　ヤンニョムを作る。ボウルに材料をすべて入れ、よく混ぜる。

3　そうめんは袋の表示通りに茹でて流水で洗い、水気をよくきる。

4　器に3を盛り、その上に1を彩りよくのせる。ヤンニョムをかけ、よく混ぜて食べる⒟。

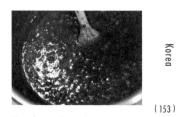

Korea

（153）

酸っぱいのが苦手な方は、ヤンニョムの酢を減らしてもよい。また、サイダーを少し加えてもおいしい。甘みが大事なので炭酸水ではなく、必ずサイダーで。

テンジャンチゲは味が濃くて具だくさんで、ごはんと交互に食べるおかず的スープ。
チェユックポックムもごはんがどんどんすすむ一品。
ヤンニョムに入れる玉ねぎやしょうがは、焦げになりやすいので、すって搾った汁を使う。
見た目にも味にもこだわったミンジョンさんならではのレシピ。
ぱっと作れるペチュムチムに、キムチや漬物、韓国海苔などのほか、
もう一品……というときには卵焼きなどが並ぶことも。

된장찌개

テンジャンチゲ（味噌チゲ）

材料（4人分）
牛もも肉（ブロック）… 100g
あさり … 200g（砂抜きしてこすり洗いする）
木綿豆腐 … 1丁
じゃがいも … 2個
玉ねぎ … 1/2個
ズッキーニ … 1/2本
大根 … 150g
長ねぎ … 1/3本
干ししいたけ … 1枚
煮干し … 10〜15尾
昆布（7cm長さ）… 1枚
テンジャン（韓国味噌）… 100g
コチュジャン … 大さじ1
水 … 1ℓ

1 煮干しは頭と腹ワタを取ってお茶パックに入れる。大根は薄いいちょう切りにする。牛肉、豆腐、じゃがいも、玉ねぎ、ズッキーニはスプーンで食べやすい大きさに切る。長ねぎは斜め薄切りにする。

2 鍋に水、干ししいたけ、煮干し、昆布、大根を入れて強火にかける。沸騰したら中火にし、15分ほど煮る（a）。

3 煮干しと昆布を取り出す。干ししいたけは取り出してせん切りにし、鍋に戻し入れる。テンジャンとコチュジャンを加えてよく溶かしたら、牛肉とじゃがいもを加えて10分ほど煮る。

4 玉ねぎ、豆腐、あさりを加え、5分ほど煮る（b）。

5 あさりの口が開いたらズッキーニを加え、火を止める。器によそい、長ねぎを散らす。

(154)

味噌チゲの味の決め手は「テンジャン」

日本のものより塩気が強く、納豆のような風味がある。日本の味噌を使う場合には、色が濃く、塩気の強いものを使う。

제육볶음
チェユックポックム（豚肉の炒め物）

材料 （3〜4人分）
豚バラ薄切り肉 … 600g
玉ねぎ … 1個
長ねぎ … 1/2本
長ねぎ（青い部分）… 適量
黒胡椒 … 適量
ごま油 … 適量
油 … 大さじ1
ヤンニョム
  おろしにんにく … 大さじ2
  玉ねぎ汁 … 大さじ2
  しょうが汁 … 小さじ1
  しょうゆ … 大さじ3
  砂糖 … 大さじ1
  メシルチョン（梅エキス）… 大さじ1
  みりん … 大さじ2
  ムルヨッ（コーンシロップ）… 大さじ2
  ごま油 … 大さじ1
  コチュジャン … 大さじ2
  コチュカル（細挽き唐辛子粉）… 大さじ1と1/2

玉ねぎやしょうがの搾り汁は、台所の水切りネットを活用するのがミンジョンさんの知恵！

1 玉ねぎは薄切りに、長ねぎは斜め薄切りにする。豚肉はひと口大に切る。

2 ヤンニョムを作る。大きいボウルに材料をすべて入れ、よく混ぜる。

3 2に豚肉を加え、手でしっかりともみ込んで30分ほど置く⒞。

4 フライパンに油を入れて強火で熱し、3の豚肉をヤンニョムごと入れて炒める。

5 肉に7割程度火が通ったら、玉ねぎと長ねぎを加えて炒め合わせる⒟。

6 火を止めて黒胡椒をふり、ごま油を回しかける。皿に盛り、長ねぎの青い部分をのせる。

배추샐러드
ペチュムチム（白菜の和え物）

材料 （2人分）
白菜 … 500g
小ねぎ … 10本
炒りごま（白）… 適量
ヤンニョム
  おろしにんにく … 大さじ1
  コチュカル（粗挽き唐辛子粉）… 大さじ2〜3
  ミョルチエクジョッ（イワシエキス）… 大さじ2
  ムルヨッ（コーンシロップ）… 大さじ3
  すりごま（白）… 大さじ1
  ごま油 … 大さじ1

1 白菜は食べやすい大きさに切る。小ねぎは5cm長さに切る。

2 ヤンニョムを作る。大きなボウルに材料をすべて入れ、よく混ぜる。好みで酢を大さじ1程度（分量外）を加えてもよい。

3 2に1を加え、手でしっかりと混ぜる。皿に盛り、炒りごまをふる。

キムチを作るときにも使われるミョルチエクジョッ（イワシエキス）。ナンプラーにも似ているが、より風味が深く、塩気が強いのが特徴。

時間を置くと水分が出てきてしまうので、食べる直前に作って食べ切る。キムチではないので保存はNG。

⒞

⒟

Korea

New Zealand

Delicious

おいしい：デリシャス

上／ダミアンさんもドライブでよく訪れるという、アカロアはクライストチャーチから車で1時間半ほど。下／美しい景観のアカロアはサーモンの養殖でも有名で、サーモンのサンドイッチがこの町の名物。

ダミアンさん
Damian

ニュージーランド南島のクライストチャーチ出身。子どもの頃から興味を持っていた料理を仕事にすべく、料理学校に3年間通う。その後、国内外の星付きレストランなどで働く。オーストラリアにワーキングホリデーに来ていた日本人女性と出会って結婚し、日本で暮らすように。現在は東京のインターナショナルスクールでシェフとして働き、350人の子どもたちと教職員のために腕をふるっている。ニキズキッチンでは、ニュージーランドのカルチャーやライフスタイルについても学べるレッスンが人気。

南半球の自然豊かな島国、ニュージーランド。人々は自然を愛し、その恵みを享受しながら暮らしています。それゆえにニュージーランドの食文化は素材を生かし、豊かな自然を反映しています。ダミアンさんも子どもの頃から庭で野菜を育てたり、牛の乳搾りをしたりして育ったそう。
「ニュージーランド人にとって食べることは自然への感謝の気持ちを表すこと。また、先住民族であるマオリ族の文化へのリスペクトの気持ちも、食に表れていると思います。マオリ族の伝統は私たちの食生活にも活かされていて、ヤムイモやクマラ（さつまいも）は日常的に食されています」
また、ニュージーランドは英連邦のひとつであり、食文化も大きな影響を受けています。例えば、トーストに塗るマーマイト®やフィッシュ＆チップスはイギリス料理の定番ですが、ニュージーランドでも人気のメニュー。
「ニュージーランドのフィッシュ＆チップスは、鱈だけでなくいろいろな魚を使うのが特徴です。クライストチャーチではサメ、アカロアではバラクーダ（カマス科の魚）など、それぞれ近くの海で獲れる魚を使うので、地域色豊か。添えているものもポテトフライだけではなく、クマラフライがつくのもニュージーランドならでは」
地元クライストチャーチのフィッシュ＆チップスは、ダミアンさんにとって無性に食べたくなる故郷の味だそう。また、じっくりオーブンで焼き上げたローストミートも、ニュージーランドの名物のひとつ。家族がテーブルを囲む夜ごはんのテーブルにたびたび登場します。
「ニュージーランドでは料理は人と人を繋ぐもの。食事を囲んで家族や友人たちと過ごす時間を大切にしています。夜ごはんを家族と囲むのはもちろん、週末にはみんなで集まってゆっくりとブランチをしたり、ちょっと郊外まで足を延ばして農家の直売所や港の魚屋さんで新鮮な食材を調達してバーベキューをしたりするんです」
そう話すダミアンさんは、自然とともに生きるニュージランドのライフスタイルをなるべく日本で育つ子どもたちにも感じてほしいと、夏はキャンプ、冬はスキーやスノーボードと自然の中で過ごす時間を大切にしています。
「みなさんにも、私のレシピを通じて、ニュージーランドのライフスタイルを少しでも感じてもらえたらうれしいです」

朝ごはん

マーマイトはビールの醸造過程でできる副産物の
酵母エキスを主原料にしたしょっぱいペースト。
ニュージーランドとイギリスではマーマイト®、
オーストラリアではベジマイト®という商品名でお馴染み。
パッケージや名前の違いだけでなく、風味にも微妙な違いはあるものの、
いずれの国でも朝ごはんのトーストに塗る伝統的なスプレッド。
ニュージーランドの朝ごはんには、新鮮な果物も欠かせない。

Marmite on Toast
マーマイト・オン・トースト

材料（1人分）
食パン（8枚切り）＊… 2枚
バター（有塩）… 適量
マーマイト … 適量
季節の果物 … 適量

＊ニュージーランドでは全粒粉やラ
イ麦入りの食パンが定番。

1 食パンはトーストする。

2 バターをたっぷり塗り、マーマイトを
 重ねて塗る。季節の果物を添える。

左がオーストラリアのベジマイト®、真ん中が
ニュージーランドのマーマイト®で、右がイ
ギリスのマーマイト®。ダミアンさんによると
「イギリスのものはビールのような独特の香り
が強く、ニュージーランドやオーストラリアの
ものは香りは穏やかで塩味が強いように思いま
す」とのこと。

バターナイフの柄に描かれているのはマオリの
言葉で"ピコピコ"と呼ばれるシダ植物。ニュー
ジーランドを代表する模様で、食器やテーブル
クロスの柄にもよく描かれている。ピコピコは
山に生えていて、ぜんまいのように新芽を山菜
として食べることもある。

ニュージーランドでスポーツ観戦やピクニックといえば欠かせないのがこのパイ。
週末には、チリービン（クーラーボックス）に冷えたビールを詰めて、
ビーフ＆チーズパイを持って出かける。手作りはもちろん、
ラグビーやクリケットの試合会場の売店でも定番のメニューだ。
ダミアンさんのレシピでは、食感の異なる2種のパイ生地を使うのがポイント。

Beef & Cheese Pie
ビーフ ＆ チーズパイ

材料（直径80mmのカップケーキ型・8個分）
ショートクラストペイストリー
| 薄力粉 … 125g
| バター（有塩）… 55g
|（角切りにし、使う直前まで冷蔵庫で冷やす）
| 塩 … ひとつまみ
| 冷水 … 小さじ2〜3
フィリング
| 牛もも肉（ブロック）… 600g
| 玉ねぎ … 1個
| にんじん … 1本
| ローリエ … 1枚
| タイム（乾燥）… 小さじ1
| ベジタブルストック … 200mℓ
| トマト缶（ダイス）… 1缶（400g）
| ウスターソース … 50mℓ
| 片栗粉 … 大さじ3
| オリーブオイル … 大さじ1
ピザ用チーズ … 300g
冷凍パイシート … 3枚
溶き卵 … 1〜2個分
トマトケチャップ … 適宜

1 ショートクラストペイストリーを作る。大きなボウルに薄力粉、バター、塩を入れ、指先を使って薄力粉とバターをすり合わせ、パン粉のようにサラサラにする。バターが溶けて油っぽくならないよう、手早く作業する。

2 冷水を少しずつ加え、カードなどを使って切るように混ぜながら生地をまとめる。まとめた生地をラップで包み、冷蔵庫で30分以上休ませる。

3 フィリングを作る。オーブンを170℃に予熱する。玉ねぎとにんじんはみじん切りにする。牛肉は1cmの角切りにする。

4 オーブン対応の鍋にオリーブオイルを入れて中火で熱し、玉ねぎ、にんじん、ローリエ、タイムを加えて炒める。3分ほど炒めて玉ねぎがしんなりしたら、牛肉を加えて肉の色が変わるまで炒める。ベジタブルストック、トマト缶、ウスターソースを加えて全体を混ぜたら、蓋をして鍋ごと温めたオーブンに入れ、肉がやわらかくなるまで1時間ほど蒸し煮する。オーブンから取り出し、片栗粉を水適量（分量外）で溶いて鍋に加えよく混ぜてとろみをつけたら、完全に冷めるまでそのまま置く（ⓐ）。

5 オーブンを210℃に予熱する。型の内側に薄く油（分量外）を塗る。

6 ショートクラストペイストリーを型に敷く。2を麺棒で厚さ2mm程度にのばして直径15cmの円形に8枚切り抜き、すべての型の内側に敷き込む。

7 フィリングを詰める。底にピザ用チーズを入れ（ⓑ）、その上に4を入れて（ⓒ）、一番上にもピザ用チーズをのせる（ⓓ）。フィリングをチーズで挟むことで、パイ生地がふやけるのを防ぐ。

8 冷凍パイシートで蓋をする。冷凍パイシートは麺棒で2mm厚さ程度にのばし、パイ型の口径に合わせた円形に切り抜く（ⓔ）。縁に溶き卵を塗る。

9 7の縁にも溶き卵を塗り（ⓕ）、縁同士を合わせるように8を被せる。指先で押さえてしっかりと合わせ目を閉じる。

10 蓋の表面にも溶き卵を塗り、フォークで縁を押しながら模様をつけ（ⓖ）、仕上げに表面に包丁で格子模様をつける。膨らみを抑えるため、真ん中に包丁の先で空気穴を1か所あける。

11 天板にパイ型を並べ、温めたオーブンに入れる。表面がきつね色に色づくまで20〜25分焼く。トマトケチャップを添える。

ラム肉はニュージーランドが世界に誇る名産品。
ローストラムは伝統料理だ。
夜ごはんには各家庭のオーブンで作るほか、
夏の週末にはバーベキューディナーも人気。
肉と一緒に焼いた季節の野菜をたっぷり添えて、
ニュージーランドらしい、自然の恵みをいただくひと皿に。

Roast Lamb
ローストラム

材料（作りやすい分量）
ラム肩ロース肉（ブロック）… 500g
おろしにんにく … 適量
ローズマリー（またはタイム）… 適量
じゃがいも … 4個
グリーンアスパラガス … 4〜5本
玉ねぎ … 1個
かぼちゃ … 1/4個
ベジタブルストック … 200㎖
塩 … 適量
黒胡椒 … 適量
油 … 小さじ1/2
オリーブオイル … 適量
ブロッコリースプラウト … 適量

1　ラム肉は余分な脂や筋などを取る。取った脂は使うので取り置く。ラム肉に強めに塩と黒胡椒をふり、油、にんにく、ローズマリーをもみ込む。タコ糸で縛って形を整え、室温で20〜30分置く。オーブンを180℃に予熱する。

2　じゃがいもは皮付きのまま半分に切り、塩を入れた湯で軽く歯応えを残す程度に茹でてザルに上げ、軽く塩と黒胡椒をふる。グリーンアスパラガスは根元のかたい部分を切り落とし、半分の長さに切ったら、塩を入れた湯で2分ほど茹でて氷水に取る。玉ねぎとかぼちゃは食べやすい大きさに切り、オリーブオイル、塩、黒胡椒各適量で和える。

3　フライパンに取り置いた脂を入れて中火で熱し、煙が上がったらラム肉を焼く。焼き色がつくまで触らず、一面ずつ焼き、全面に焼き色をつける ⓐ。

4　天板にオーブンシートを敷いて玉ねぎを並べ、その上に 3 をのせる。周りにじゃがいもとかぼちゃを並べ、天板に200㎖程度の水（分量外）を張って温めたオーブンで20〜30分焼く。

5　ラム肉を取り出し、アルミホイルで包んで10分ほど休ませる。その間、グリーンアスパラガスをオーブンに入れ、余熱で温める ⓑ。

6　鍋に天板に溜まった肉汁を入れてベジタブルストックを加え、とろみがつくまで5分ほど煮る。

7　ラム肉を薄く切って ⓒ、野菜と一緒に皿に盛る。6 のグレービーソースをかけ、ブロッコリースプラウトを散らす。

ニュージーランドではホームベイキングが盛ん。
どの家のキッチンにも大きなオーブンがあり、パンやお菓子を焼く。
ダミアンさんも子どもの頃からお母さんと一緒に作っていたそう。
このデザートもお母さんから受け継いだレシピのひとつ。
一緒に焼く果物は、りんごの代わりに洋梨もおすすめ。
焼き立てに熱々のソースをかけていただく冬のデザート。

Sticky Date Pudding
スティッキー・デーツ・プディング

材料（直径5cm程度のカップケーキ型・8個分）
デーツ（種抜き）… 250g
バター（有塩）… 125g（室温に戻す）
ブラウンシュガー（またはきび砂糖）… 200g
バニラエクストラクト … 小さじ1
卵 … 2個
薄力粉 … 250g
りんご … 1個（または洋梨2個）
ベーキングソーダ … 小さじ1
熱湯 … 300㎖
キャラメルソース
　ブラウンシュガー（またはきび砂糖）… 30g
　バター（有塩）… 125g
　生クリーム … 50㎖

1　オーブンを180℃に予熱する。りんごは皮をむいて芯と種を取り、5㎜厚さのひと口大に切る。

2　鍋にデーツと熱湯を入れて中火にかける。沸騰したらベーキングソーダを加え、吹きこぼれやすいので注意しながらよく混ぜる。煮詰まって、デーツがとろとろになったら火を止め、粗熱を取る⒟。

3　ボウルにバター、ブラウンシュガー、バニラエクストラクトを入れ、泡立て器でよく混ぜる。

4　白っぽいクリーム状になるまで混ぜたら卵を1個ずつ加え、その都度よく混ぜる。2とふるった薄力粉も加えて均一になるまで混ぜる⒠。

5　型の底にりんごを等分に入れる。そこに4をスプーンで流し込み⒡、温めたオーブンで35～40分焼く。中心部に竹串を刺し、生地がくっつかずにきれいに抜けたら焼き上がり⒢。

6　焼いている間に、キャラメルソースを作る。鍋にブラウンシュガーとバターを入れて中火にかける。バターが溶けたら生クリームを加え、よく混ぜる。沸騰したら火を弱め、さらに2分ほど煮詰めて完成。

7　皿に5をのせてキャラメルソースをかけ、温かいうちに食べる。

New Zealand

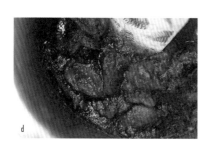

d

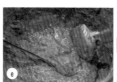

e

f

g

USA (West)

Delicious

おいしい：デリシャス

「子どもの頃から映画などを通じて日本に興味を持ってきましたし、日本に20年間暮らしてきましたが、いまだに毎日が発見の連続です！ 日本のライフスタイルの特徴は自然とともにあること。特に食文化にそれを感じます」とロバートさん。

生まれ育ったカリフォルニアも自然豊かで風光明媚、海の幸にも山の幸にも恵まれ、まさに自然とともに生きるライフスタイルがある地域です。1970年代には、カリフォルニア州バークレーにあるレストラン『Chez Panisse』のオーナーシェフで食の革命家と呼ばれるアリス・ウォータースが、スローフードとオーガニックの食文化もたらし、カリフォルニア料理を生み出しました。

「カリフォルニア料理と日本料理、特に京料理には共通する哲学があると思います。それは、旬を味わうこと。手を加え過ぎず、素材の味と色や形を生かすこと」

カリフォルニアの食文化には、さまざまな国々の影響も見ることができます。特にメキシコや地中海、アジアの文化を感じるメニューも多く、アメリカでも有数の美食の街であるサンフランシスコにはさまざまなレストランが並びます。

「ランチにはフードトラックが人気です。若いシェフが独立して店を持つ前にフードトラックで腕試しすることも多く、多彩な料理を食べることができます。タコスのフードトラックも名物。タコスは懐かしい故郷の味です」

カリフォルニア沿岸で獲れるシーフードも、ロバートさんにとって懐かしい味のひとつ。たいていの魚介類は日本でも手に入りますが、とりわけダンジネスクラブというカニとベイシュリンプという海老は帰ったら必ず食べたい食材だそう。

「新鮮なシーフードを買って夜ごはんに季節の野菜と合わせて料理したり、レストランでカリフォルニアワインと一緒に楽しんだり。海の幸はカリフォルニア料理らしさのひとつですね」

アメリカの食事というと「質より量、魚料理より肉料理」というイメージが強いですが、カリフォルニアでは決してそうではないよう。四季折々の新鮮な食材と人々の食への関心の高さが育んだ食文化を、ぜひロバートさんのレシピで体感してください。

ロバートさん
Robert

カリフォルニア州サンフランシスコ出身。弁護士のかたわら料理を楽しんでいる祖父の姿に影響を受けて、料理に興味を持つ。やりたいことが見つからなかった学生時代、母の「料理学校に行ったら？」という言葉をきっかけに料理の道へ。卒業後はサンフランシスコやハワイのレストランでキャリアを積む。ニキズキッチンでは家庭でできるカリフォルニアのレストランの味を紹介している。東京マラソンを何度も完走している本格派ランナーでもある。

ランチに人気のタコス。中南米からの移民が多いサンフランシスコでは、もはや外国の料理ではなく地元を代表する味のひとつ。

ロバートさんの大好物、カニと海老のサラダ。「魚屋さんが経営する『SWAN』というシーフードレストランのメニュー。サンフランシスコらしい一品です」（ロバートさん）

アメリカで朝ごはんの定番といえばやはり卵を使った料理。
シンプルな目玉焼きからちょっとおしゃれな
エッグベネディクトまで、卵料理の種類はさまざま。
また、パンケーキやフレンチトーストなども人気のメニュー。
今回は、フレンチトーストによく合う
バナナを組み合わせたスペシャル版。
特別な日の朝ごはんや週末のブランチにおすすめ。

Banana Stuffed French Toast
バナナスタッフド・フレンチトースト

材料（4人分）
食パン（4〜5cm厚さ）… 4枚
バナナ … 2〜3本
バター（無塩）… 30g
メープルシロップ … 150㎖
ミントの葉 … 適量
カスタード液
　卵 … 2個
　卵黄 … 4個分
　砂糖 … 150g
　牛乳 … 400㎖
　生クリーム … 400㎖
　バニラエクストラクト … 大さじ1
　シナモンパウダー … 小さじ1
　塩 … 小さじ1/2

1 カスタード液を作る。ボウルに卵、卵黄、砂糖を入れ、砂糖が溶けるまで泡立て器でよく混ぜたら、残りの材料もすべて加えてよく混ぜる。

2 パンは耳を切り落とし、側面に包丁でポケットを作る⒜。

3 バナナ1本は1cm厚さの斜め切りにし、2のポケットに2枚程度ずつ挟み込む。残りのバナナは取り置く。

4 深めのバットなどにバナナを挟んだパンを並べ、1を流し込む⒝。30分〜1時間、途中で一度裏返して休ませる。

5 テフロン加工のフライパンを中火で熱し、4の両面を焼いたら、オーブンシートを敷いた天板に並べ、190℃に予熱したオーブンで10〜15分、カスタード液がかたまるまで焼く。

6 別のフライパンにバターを入れて中火で熱し、取り置いたバナナを炒める。バナナがやわらかくなり始めたら、メープルシロップを加えて火を止め、2分ほど置いて馴染ませる。

7 焼き上がったフレンチトーストを斜め半分に切って皿に盛り、6をかけ、ミントの葉を飾る。

USA (West)

a b

アメリカの国民食ハンバーガーも、サンフランシスコスタイルはひと味違う。
フォカッチャを使い、ブルーチーズをのせてアイオリソースを添えて……と、
アメリカの食文化にヨーロッパの食材が融合したひと皿になる。
それでもやっぱりハンバーガーの味の決め手はパテ。
「ぜひ良質な牛肉を使って！」とロバートさんからのアドバイス。

Blue Cheeseburger
ブルーチーズ・バーガー

材料（4人分）
牛挽き肉 … 500g
ブルーチーズ（スライス）… 4枚
フォカッチャ … 4個
バター（無塩）… 大さじ2（室温に戻す）
塩 … 適量
黒胡椒 … 適量
トッピング
| ピクルド・ズッキーニ … 適量
| ピクルド・レッドオニオン … 適量
| アイオリソース … 適量

1　挽き肉は4等分にして平たく丸く成形し、両面に塩と黒胡椒をふる。

2　底の厚いフライパンに油適量（分量外）を入れて中火で熱し、煙が出てきたら1を並べる。小さい蓋などで上から10〜20秒ぎゅっと押さえつけ、しっかり焼き色をつける（ⓐ）。さらに2〜3分焼いたら裏返し、同じようにぎゅっと押さえて焼き色をつける。ブルーチーズをのせ、1〜2分焼いて皿に取り出す。

3　フォカッチャは半分の厚さに切る。断面にバターを塗り、断面を下にして2のフライパンで焼く（ⓑ）。

4　皿に下の部分のフォカッチャをのせ、その上に2をのせ、もう1枚のフォカッチャで挟む。ピクルス2種とアイオリソースを添える。

Aioli Sauce
アイオリソース

材料（作りやすい分量）
卵黄 … 1個分
にんにく … 1～2片
ディジョンマスタード … 小さじ3/4
レモン汁 … 小さじ1
油 … 100㎖
エクストラバージンオリーブオイル … 100㎖
塩 … 適量
黒胡椒 … 適量

1　にんにくは潰してからみじん切りにし、塩ひとつまみをふる。

2　ボウルに卵黄、1、ディジョンマスタード、レモン汁を入れ、泡立て器でよく混ぜる。

3　カップに油とエクストラバージンオリーブオイルを合わせ、2に糸のように垂らしながら少量ずつ加える⒞。加えながら泡立て器で混ぜ続け、乳化させる。

4　塩と黒胡椒で味を調える。

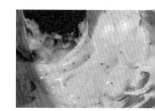

Pickled Zucchini
ピクルド・ズッキーニ

材料（作りやすい分量）
ズッキーニ … 2～3本（約450g）
玉ねぎ … 1個
塩 … 大さじ2
アップルサイダービネガー（またはりんご酢）… 400㎖
砂糖 … 200g
マスタードパウダー … 小さじ1と1/2
イエローマスタードシード … 小さじ1と1/2
ターメリックパウダー … 小さじ1

1　ズッキーニは縦にピーラーで薄切りにする。玉ねぎは薄切りにする。

2　ボウルに1を入れて塩をふる。よく混ぜて全体に馴染ませたら、氷水（分量外）をひたひたに加え、塩が溶けるまで混ぜる。ズッキーニがわずかに塩気を帯びてしんなりするまで、そのまま1時間ほど置く。

3　2をザルに上げ、ペーパータオルの間に挟んで完全に水気をふき取ってから、乾いたボウルに入れる。余計な水分は風味を損なうので気をつける。

4　小鍋にアップルサイダービネガー、砂糖、マスタードパウダー、軽く潰したイエローマスタードシード、ターメリックパウダーを入れ、3分ほど中火にかける。砂糖が溶けたら火から下ろし、粗熱を取る。

5　3に4を注ぎ、全体をさっと混ぜる。消毒した瓶に移して蓋をし、冷蔵庫で1～2日置くと食べ頃。冷蔵庫で3か月保存可能。

Pickled Red Onion
ピクルド・レッドオニオン

材料（作りやすい分量）
赤玉ねぎ … 1と1/4個（約230g）
塩 … 小さじ1
ホワイトビネガー（または酢）… 300㎖
砂糖 … 150g
シナモンスティック … 1本
オールスパイス（粒）… 小さじ1/2
黒胡椒（粒）… 小さじ1/2
ローリエ … 2枚
赤唐辛子 … 2本

1　赤玉ねぎは1～3㎜幅の輪切りにする。

2　小鍋に赤玉ねぎ以外の材料をすべて入れて中火に3分ほどかけ、ピクルス液を作る。

3　1を3回に分け、2のピクルス液でごく弱火で20秒ずつ煮る。煮た赤玉ねぎは穴杓子でしっかりと汁気をきり、バットに広げて冷ます。

4　ピクルス液が冷めたら3を戻して冷蔵庫へ入れ、冷えたら食べ頃。消毒した瓶に詰めて冷蔵庫で1か月保存可能。

カリフォルニアの魚料理は、基本的にはシンプルに調理し、
付け合わせに旬の野菜をたっぷり添える。
サラダに使う黒レンズ豆は、ベルーガキャビアに似た
その見た目からベルーガレンズ豆とも呼ばれる。
味が濃く、香りもよい。
サラダや付け合わせの野菜は彩りと食感を考えて組み合わせる。
魚と野菜、果物の風味が渾然一体となった、
これぞカリフォルニア料理というひと皿。

Mushroom & Fava Bean Relish

マッシュルーム & ファバビーン・レリッシュ
（きのこと空豆の付け合わせ）

材料（4人分）
エリンギ … 1パック
空豆 … 60g（正味）
にんにくのみじん切り … 1片分
パセリのみじん切り … 大さじ2〜3
レモン汁 … 小さじ2〜3
エクストラバージンオリーブオイル … 大さじ2
塩 … 適量
黒胡椒 … 適量

1　エリンギは2cm角に切る。空豆はさっと茹でて薄皮を
むく。

2　フライパンにオリーブオイル適量（分量外）を入れて中
火で熱し、エリンギに軽く塩をして炒める。ボウルに移
し、にんにくを加えて混ぜたら、冷めるまでそのまま置
く。

3　2のボウルに残りの材料をすべて加えて混ぜ、味を
見て、塩と黒胡椒で味を調える。

Black Beluga Lentil Salad

ブラックベルーガレンティル・サラダ
（黒レンズ豆のサラダ）

材料（4人分）
黒レンズ豆 … 230g
パプリカ（赤）… 1個
玉ねぎ … 小1個
グリーンアスパラガス … 4本
にんにくのみじん切り … 2片分
A
　イタリアンパセリのみじん切り … 大さじ3
　タイムのみじん切り … 大さじ2
　小ねぎの小口切り … 大さじ2
　レモンの皮のすりおろし … 1個分
　レモン汁 … 小さじ2〜3
　オレンジの皮のすりおろし … 1個分
　オレンジ汁 … 大さじ1〜2
　エクストラバージンオリーブオイル … 50mℓ
塩 … 適量
黒胡椒 … 適量

1　パプリカと玉ねぎは5mm程度の角切りにする。グリー
ンアスパラガスは下のかたい部分を切り落とし、1cm
程度の斜め切りにしてさっと茹でる。

2　黒レンズ豆はさっと洗って鍋に入れ、倍量の水（分量
外）を加えて強火にかける。沸騰したら弱火にし、やわ
らかくなるまで茹で、ザルに上げて湯をきる。

3　フライパンにオリーブオイル適量（分量外）を入れて中
火で熱し、玉ねぎとにんにくを炒める。玉ねぎがしんな
りしたら、皿などに取って粗熱を取る。

4　ボウルに1、2、3、Aを入れてよく混ぜ、味を見
て、塩と黒胡椒で味を調える。

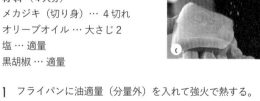

Swordfish Saute

ソードフィッシュ・ソテー
（メカジキのソテー）

材料（4人分）
メカジキ（切り身）… 4切れ
オリーブオイル … 大さじ2
塩 … 適量
黒胡椒 … 適量

1　フライパンに油適量（分量外）を入れて強火で熱する。
煙が立ち始めたら、両面に塩と黒胡椒をふったメカジキ
を入れ、中弱火にして片面3〜4分ずつソテーする。

2　メカジキを網バットなどに取り出し、3〜4分休ませた
ら、斜め半分に切り、上のサラダと付け合わせと一緒に
皿に盛る。

USA (South)

Tastes Good

おいしい：テイストグッド

ラトーニャさん

LaTonya

アメリカ・ミシシッピ州出身。22年前教会で出会った男性と結婚し、17年前にご夫婦で来日。インターナショナルスクールで料理を提供するとともにダンス、歌の講師を務める。いろいろな出会いに恵まれ、2015年に東京・麻布十番に『SOUL FOOD HOUSE』をオープン。お客様の割合は日本人：外国人が6：4で、アメリカ南部の料理が食べられる希少な店として日本人のみならず、海外からの観光客にも人気の店。
instagram:@soulfoodhouse

アメリカの中でも独特の食文化を持つアメリカ南部。その料理を日本で紹介しているのがラトーニャさんと夫のデービッドさんです。

「2人とも日本に来るなんて思わなかったけれど、今はこの店を開いてもう8年。来日した当初は手に入らない食材もありました。でも、今ではほとんど手に入るようになったし、手に入らなければ自分たちで作り、故郷の味を作っています。アメリカ南部の料理ってどんなもの？　と、聞かれることも多いけれど、私が思うのは目の前にある食材を無駄なく、全部使うことから生まれた料理だと答えています。もちろん食材や味付けも南部独特のものがあるけれど、にんじんを使えば、皮も葉も残らず料理に使う。そのほうが栄養もあるし、香りも違う。それが南部料理です」

一般的に朝ごはんを食べない人も多いアメリカ。平日はシリアルやスムージーなどのクイックフードで、週末は遅めの朝ごはん、サンデーブランチを食べるそう。パンケーキ、ベーコン、ビスケットやトーストなどのビックブレックファストが人気ですが、よく間違えられるのは、ワッフルは朝ごはんに食べる文化はなく、これは南部では夜食なんだそう。そして昼は簡単なファストフード。お馴染みのマクドナルドやバーガーキング、ボージャングルズ、ポパイズ・ルイジアナ・キッチンが人気です。

「夜ごはんは午後6〜9時が平均的なディナータイム。私が育ったミシシッピでは自宅で食べる人が多く、疲れているときはピザや、お気に入りのレストランでテイクアウトしたりします。余裕があるときはタコナイト（タコスの皮を買ってきて、スパイスと炒めた挽き肉、レタス、トマト、サワークリーム、チーズ、豆の缶を並べて手巻き寿司のように自分で具を挟んで食べる）にしたり、簡単なスパゲッティやフライド・キャットフィッシュ（ナマズのフライ）、また今回紹介するスロッピー・ジョーを作ることもあります」とラトーニャさん。

今回はお店でも人気の朝、昼、夜のごはんをボリューム満点なレシピで紹介します。

Southern Fried Chicken & Granola Salad

昼ごはん

アメリカ南部では、自宅で昼ごはんを食べる人が多い。
野菜もフライドチキンもたっぷり入ったサラダは、
ラトーニャさんのお気に入りのレシピで、
サラダでもメインになるひと皿。
ボウルいっぱいのサラダにクリスピーなグラノーラ、
そしてスパイスが効いたサクサクの衣のフライドチキンに
甘いヨーグルトドレッシングは最高の組み合わせ。
ステーキ、焼いたチキンやターキーをのせたサラダも人気だそう。

Southern Fried Chicken & Granola Salad

サウザンフライドチキン & グラノーラサラダ

材料（2人分）

サウザンフライドチキン

| 鶏むね肉 … 2枚（500g）
| 薄力粉 … 200㎖
| 塩 … 小さじ1〜1と1/2
| 黒胡椒 … 小さじ1/2
| パプリカパウダー … 小さじ1/2
| 卵 … 1個
| 牛乳 … 大さじ1
| 油 … 適量

グラノーラ（作りやすい分量）

| ロールオーツ … 600㎖
| ローストナッツ（ピーカンナッツやアーモンドなど） … 100㎖
| ブラウンシュガー（またはきび砂糖） … 大さじ3
| シナモンパウダー … 小さじ1/2
| 塩 … 小さじ1/4
| はちみつ … 70㎖
| 油 … 50㎖
| バニラエッセンス … 小さじ1

サラダ

| 好みの葉野菜（レタスやサニーレタスなど） … 1個
| 旬のフルーツ（ブルーベリーやいちご） … 適量
| みかん（缶詰） … 1/2缶分

ハニーヨーグルトドレッシング

| プレーンヨーグルト（無糖） … 200㎖
| はちみつ … 大さじ2

1 グラノーラを作る。オーブンを175℃に予熱する。

2 ボウルにナッツ以外の材料を入れて混ぜる⒜。オーツにしっかりコーティングするように混ぜたら、オーブンシートを敷いた天板に薄く均等に広げる⒝。

3 温めたオーブンに入れ、15分ほど焼いたら一度取り出して薄いきつね色になるまで混ぜ⒞、再度オーブンに入れて10分ほど焼く。オーブンから取り出して15分ほど冷まし、ナッツを加えて混ぜる。グラノーラは密閉容器に入れ、2週間保存可能。

4 サウザンフライドチキンを作る。鶏肉は観音開きにし⒟、ラップで挟んで肉叩きなどで厚みを均一にし、やわらかくなるまで叩く⒠。

5 ボウルに薄力粉、塩、黒胡椒、パプリカパウダーを入れて混ぜる⒡。別のボウルに卵と牛乳を入れて混ぜる。

6 鶏肉に粉、卵液、粉の順に衣をつけ⒢、ペーパータオルの上に置いて衣を少し馴染ませる。

7 大きなフライパンに深さ2㎝ほど油を入れ、170℃に温める。鶏肉を入れ、肉汁が表面に出てきて、底面にきれいな焼き色がつくまで4〜6分揚げて裏返し⒣、さらに4〜5分揚げて油をきる⒤。

8 サラダを作る。葉野菜は洗い、水に浸けてパリッとさせる。水気をしっかりとふき、食べやすい大きさにちぎる。

9 皿に8、フルーツ、みかんを盛り、食べやすい大きさに切ったサウザンフライドチキンをのせる。グラノーラを散らし、合わせたハニーヨーグルトドレッシングを回しかける。

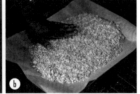

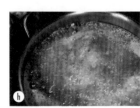
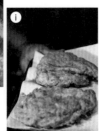

アメリカ南部では甘いおやつはあまり食べないそうで、もっぱら好まれるのは、
バッファロー・チキンウィングやスピナッチ・アーティチョーク・ディップ。
バッファロー・チキンウィングはホットソースで和えたピリ辛チキンで、
ブルーチーズのソースにつけながら食べる、おつまみにもおすすめの一品。
ホームパーティの定番で、ホットソースの酸味がクセになるおいしさ。
スピナッチ・アーティチョーク・ディップはトルティーヤをディップしながら食べる。
ラトーニャさん曰く「中身をくり抜いたカンパーニュに入れて焼いてもおいしいの！」とのこと。

Buffalo Chicken Wings

バッファロー・チキンウィング

材料（4人分）
手羽元 … 8本
手羽先 … 8本
にんにくのみじん切り … 小さじ1
ホットソース … 250㎖
バター（無塩）… 大さじ3
ウスターソース … 大さじ2
ブルーチーズソース
  ブルーチーズ … 30g
  マヨネーズ … 大さじ4
  サワークリーム … 大さじ4
  ウスターソース … 小さじ1と1/2
セロリ … 適量
パセリ（乾燥）… 適量

1 手羽元と手羽先はペーパータオルで水気をふく。天板の上に重ねた網にのせ、180℃に予熱したオーブンで30分ほど焼く。または油できつね色になるまで揚げるか、200℃に設定したエアフライヤーで30分ほど加熱する ⓐ。

2 ブルーチーズソースを作る。小さなボウルにブルーチーズを入れてヘラで細かく砕き、残りの材料を加えてブルーチーズを溶き混ぜる。

3 大きなフライパンににんにくとバターを入れて中火にかける。香りが立ってバターが色づいてきたら ⓑ、ホットソースとウスターソース を加えて混ぜ、火を止める ⓒ。1を加えて全体を和える ⓓ。

4 3を皿に盛り、スティック状に切ったセロリ、ブルーチーズソースを添え、パセリをふる。

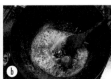
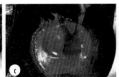

Spinach Artichoke Dip
スピナッチ・アーティチョーク・ディップ

材料 （直径12cmの耐熱皿・1個分）
ほうれん草（冷凍） … 150g
アーティチョーク（水煮） … 150g
A
　クリームチーズ … 1パック（200g）
　ピザ用チーズ … 大さじ3
　パルミジャーノ・レッジャーノのすりおろし … 50mℓ
　マヨネーズ … 大さじ1
　オニオンパウダー … 大さじ1/2
　ウスターソース … 小さじ1
　おろしにんにく … 小さじ1/2
　塩 … 小さじ1/8
トルティーヤチップス … 適量
パプリカパウダー … 適量

1　ほうれん草は解凍し、水気を絞る。アーティチョークは水気をきり、粗みじん切りにする。オーブンを190℃に予熱する。

2　Aをフードプロセッサーに入れ、よく混ざるまで撹拌する。1の野菜を加え、ほうれん草が細かくなり過ぎないように軽く撹拌する 。

3　耐熱皿に入れて表面を平らにならし 、ピザ用チーズ適量（分量外）を散らす 。

4　温めたオーブンに3を入れ、表面がプクプクしてくるまで25分ほど加熱する。

5　大きな皿にのせ、周りにトルティーヤチップスを添え、パプリカパウダーをふる。

スロッピー・ジョーは、牛挽き肉と野菜をトマトソースとスパイスで煮たものを、
パンにたっぷり挟んだ南部ならではのサンドイッチのこと。
少し甘めに味つけした肉汁がバンズに染み込んで、なんともおいしい。
平日の夜に喜ばれる、アメリカ南部のママの味。

Sloppy Joe

スロッピー・ジョー
（アメリカ南部のサンドイッチ）

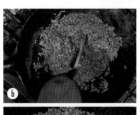

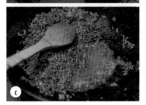

材料（4個分）

牛挽き肉 … 400g

玉ねぎ … 1個

セロリ … 2本

ピーマン … 2個

A

   トマトソース … 200mℓ

   トマトケチャップ … 50mℓ

   好みのBBQソース … 50mℓ

   ブラウンシュガー（またはきび砂糖）… 大さじ1

   ウスターソース … 大さじ1

   マスタードパウダー … 小さじ1

   酢 … 大さじ1

塩 … 適量

黒胡椒 … 適量

バーガーバンズ … 4個

ピザ用チーズ … 適量

パセリ（乾燥）… 適量

チップス … 適量

1　玉ねぎ、セロリ、ヘタと種を取ったピーマンをフードプ
　　ロセッサーに入れて細かくなるまで撹拌する⒜。また
　　は包丁でみじん切りにする。

2　大きなフライパンに挽き肉を入れて中火で炒め⒝、脂
　　が出てくるまでしっかり炒める⒞。出てきた脂はペー
　　パータオルで吸い取って捨てる。しっかり脂を出しなが
　　ら炒め、それを除くことで牛肉の臭みがなくなる。

3　1を加え、玉ねぎとセロリが透き通るまで炒めたら**A**を
　　加える⒟。蓋をしてときどき混ぜながら15〜20分煮る。

4　水分が飛んで味がまろやかになるまで火を通し、塩と黒
　　胡椒で味を調える⒠。

5　バーガーバンズを軽くトーストし、皿にのせる。4をた
　　っぷりとバンズに盛り、ピザ用チーズをのせてパセリを
　　ふり、チップスを添える。

USA (East) / Thanksgiving Day

Tastes Good

おいしい：テイストグッド

サチさん
Sachi

12歳より単身渡米し、大学卒業後にニューヨークの『The French Culinary Institute』で調理と製菓を勉強する。レストラン勤務などを経て、帰国。ニキズキッチンで料理を教えるかたわら、海外のテレビ番組のフードコーディネート、フードプロデュース、レストランやデパートのメニュー開発や制作、広告の料理製作、料理の専門学校講師など活躍の場は多岐に渡る。またコロナで中止していた世界各国から訪れるB&Bも再開。

アメリカ・ハワイ州に暮らす日系アメリカ人の祖父を持つサチさん。自身は日本で生まれ育ち、実家は洋菓子店。クリスマスはご両親とも大忙しで、家族で祝った記憶がないという。中学入学のタイミングでアメリカ・マサチューセッツ州のボストンへ単身留学し、寮生活をスタート。慣れない異文化に加え、寮の食事がおいしくなかったことが、サチさんが料理への関心を持ったきっかけ。やがて仲よくなった友人の家に招かれた際に、アメリカの家庭料理のおいしさに驚いたそう。

大学卒業後は、ニューヨークの『French Culinary Institute』で調理と製菓を勉強し、フランス料理のレストランとブルックリンの『Farm to Table』で働き始めたサチさん。アメリカは西海岸と東海岸で料理がまったく違い、また家庭によっても食文化がまったく異なる国。違うのが当たり前の中でそれぞれの料理のおいしさをリスペクトしているそう。

「当時は西海岸に比べ、東海岸は日本を含め、アジアの食材がなかなか手に入りにくかったです。料理も少し濃厚で重めなのが特徴かなと思います」とサチさん。

今回サチさんが教えてくれたのが感謝祭（サンクスギビング）の日のごちそう。

「アメリカでの大イベントは独立記念日と感謝祭。キリスト教でない人もいるアメリカでは、クリスマスを祝わない人もいるのでこの2つのイベントがとても大切です。その日は親戚や大事な友人、恋人が集まって祝うのが常ですが、遠くて実家に帰れない人たちが集う"フレンズギビング"も多いですよ」

感謝祭のメインディッシュは丸ごとの七面鳥を焼いたローストターキー。なかなか準備が大変そうだが、大切な人と囲む大切な料理なので何日か前から準備を始め、当日は朝から大忙しになるそう。

「伝統的な料理ですが、やはり家庭によっても少しアレンジをすることもありますよ。例えば、アジア系の家庭なら、しょうゆを使ったりします。うちの祖父もそうでした。今回紹介するのは伝統的なローストターキーとサイドディッシュ。準備は大変ですが、あとはオーブン任せ。ぜひアメリカの伝統料理を作って味わってほしいです」

撮影当日はテーブルの上に菊の花（クリサンティマム）の花を用意してくれました。日本ではあまりテーブルには飾らない花ですが、アメリカではお母さんの花。サンクスギビング・デーの時期が旬の菊が、テーブルをより華やかにしてくれました。

「アメリカのサンクスギビング・デーのごちそう」

ローストターキーを中心にマッシュポテト、さやいんげん、甘いキャセロールにパイを数種。
これが伝統的なアメリカのサンクスギビング・デーのごちそう。
テーブルいっぱいに料理を並べ、みんなで回しながら自分の皿に取り分ける。
日本では食べ慣れないターキーは、肉質がしっかりしていて脂が少ないので、
ややパサついていると感じるが、アメリカ人はこれが大好き。
そのため、食べる際は皿に盛った料理全体に、グレービーソースをたっぷりかけて食べる。
サンクスギビングの翌日は、残ったターキーでターキーサンドイッチやターキースープを作るのも恒例。
ぜひ、おいしいサンクスギビング・デーのごちそうを大切な人と分かち合ってみて。

"Thanksgiving Day"とは

17世紀、イギリスからアメリカに移り住んできた人々が、新しい土地での収穫を喜び、食物の栽培や収穫を助
けてくれた原住民と一緒にお祝いの食事をしたことから始まり、今では家族が集まってごちそうを食べる日に。
毎年11月の第4木曜日となり、その日はアメリカ全土で祝日となる。

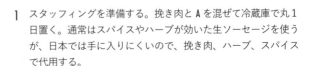

Herb Butter Roasted Turkey
ハーブバター・ローストターキー

材料（1羽・4～5人分）
ターキー
| ターキー（冷凍）… 1羽（4kg）
| 塩 … 小さじ1
| 黒胡椒 … 小さじ2
スタッフィング
| 豚挽き肉 … 100g
| りんごの粗みじん切り … 1/2個分
| 玉ねぎの粗みじん切り … 1/2個分
| セロリの粗みじん切り … 1本分
| A
|　| レッドペッパーフレーク、オレガノ（乾燥）、
|　| ガーリックパウダー、カイエンペッパー
|　| フェンネルシードパウダー
|　|　 … 各小さじ1/4
|　| パプリカパウダー、塩、黒胡椒 … 各小さじ1/2
|　| 赤ワイン … 小さじ2
| 乾燥したパン … 適量（1cm角に切る）
| ドライクランベリー（またはレーズン）… 大さじ2
| 塩、黒胡椒 … 各小さじ1/2
| オリーブオイル … 大さじ2
ハーブバター
| 溶かしバター（無塩）… 100g
| ハーブ（パセリ、ローズマリー、タイムなどの
|　 フレッシュハーブを合わせて）のみじん切り
|　 … 大さじ2
| にんにくのみじん切り… 2片分
| レモンの皮のすりおろし … 1個分
| 塩 … 小さじ1と1/2
グレイビーソース
| 焼いたターキーの首 … 1羽分
| ターキーの肉汁 … 1羽分
| 水 … 500mℓ
| バター（無塩）… 45g
| 薄力粉 … 45g
| 塩、黒胡椒 … 各適量

1 スタッフィングを準備する。挽き肉とAを混ぜて冷蔵庫で丸1日置く。通常はスパイスやハーブが効いた生ソーセージを使うが、日本では手に入りにくいので、挽き肉、ハーブ、スパイスで代用する。

2 ターキーは触っても冷たくなくなるまで室温に置いて解凍し、水気をふく。ターキーの内側に塩と黒胡椒まんべんなくすり込む。ターキーの中に入っている首の部分はグレイビーソースに使うので取り置く。

3 スタッフィングを作る。フライパンにオリーブオイルを入れて中火で熱し、りんご、玉ねぎ、セロリを炒める。しんなりしたら1を加える。挽き肉を崩しながら火が通るまで炒めたら火を止め、パン、ドライクランベリー、塩、黒胡椒を加えて混ぜる。

4 ハーブバターを作る。ボウルにすべての材料を入れて混ぜる。

5 オーブンを220℃に予熱する。

6 ターキーの肉と皮の間に指を入れて皮を優しくはがし、4のハーブバター半量を皮の下全体に塗る。残りのハーブバターも皮の上からターキー全体に塗る。

7 ターキーに3を詰め、両脚をタコ糸で縛って両手羽は胴の下に挟む。

8 ターキーがのる大きさの網を天板に置き、ターキーをのせる。あればポップアップタイマー（ターキーを購入すると大抵ついてくる）を胸の中央に刺す。取り置いた2の首も横に置く。

9 温めたオーブンに入れ、45分ほど焼いたら一度取り出し、天板に落ちた肉汁をターキー全体にかける。オーブンの温度を180℃に下げ、向きを変え、ポップアップタイマーが飛び出すまでさらに焼く。途中ターキーの向きを変えると焼きムラが出にくくなる。ターキーが焼けたら取り出して冷ます。天板の肉汁はグレイビーソースに使うので取っておく。

10 ターキーを冷ましている間にグレイビーソースを作る。鍋にターキーと一緒に焼いた首を入れ、分量の水を加える。中火にかけて沸騰したら弱火にし、スープを取る。フライパンを中火にかけてバターを溶かし、薄力粉をきつね色になるまで炒める。ターキーのスープと天板に落ちた肉汁を加え、とろみがつくまで煮詰めて塩と黒胡椒で味を調える。

11 焼き上がったターキーは皿にのせて食卓に出し、取り分けやすいように切る。まず中に詰めたスタッフィングを別の皿に盛りつけ、ターキーを部位ごとに切り、骨を除いて食べやすいように切り分ける。好みでローズマリー適量（分量外）をあしらっても。取り除いた骨はターキー・ヌードル・スープ（p.185参照）に使うので取り置く。

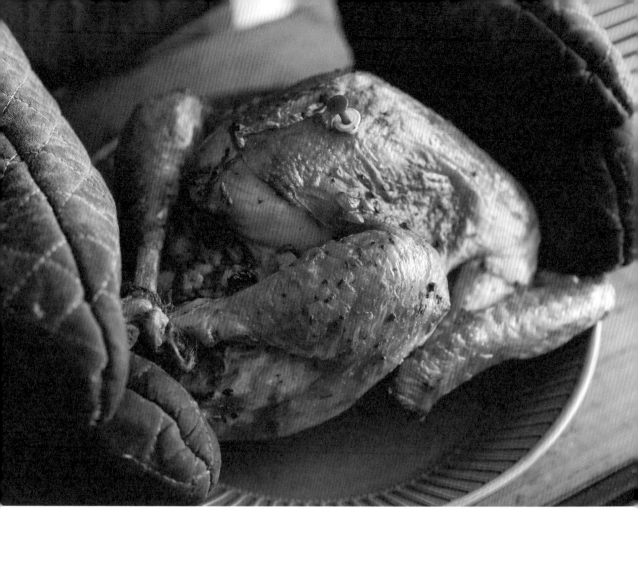

Mashed Potatoes
マッシュポテト

材料（4〜5人分）
じゃがいも … 400g
牛乳（または半量を生クリームにしても）… 150mℓ
バター（無塩）… 50g
塩、黒胡椒 … 各適量
チャイブ（またはパセリ）のみじん切り … 適宜

1 じゃがいもは皮をむいて半分に切る。

2 鍋に水適量（分量外）、塩小さじ1、じゃがいもを入れる。中火にかけ、じゃがいもがやわらかくなったら湯を捨てる。

3 同じ鍋にじゃがいも、牛乳、バターを入れ、中火にかけてなめらかになるまでマッシュしながら混ぜⓑ、塩と黒胡椒で味を調える。器に盛り、好みでチャイブを散らす。

Cranberry Sauce
クランベリーソース

材料（4〜5人分）
クランベリー（冷凍）… 200g
砂糖 … 120g
レモンの皮 … 適量
オレンジジュース（または水）… 50mℓ
シナモンスティック … 1本

1 鍋にすべての材料を入れて中火にかける。混ぜながらとろみがつくまで5分ほど煮る。

2 器に盛り、ローストターキーにかけながら食べる。

Butternut Squash Casserole
バターナッツスクアッシュ・キャセロール

材料 （4〜5人分）
バターナッツかぼちゃ（またはかぼちゃ）
　… 350g（皮、ワタ、種を除く）
マシュマロ（またはブラウンシュガー）… 適量
溶かしバター（無塩）… 30g
卵 … 1個
メープルシロップ … 50g
塩 … ひとつまみ

1　オーブンを180℃に予熱する。

2　バターナッツかぼちゃは5cm角に切る。ボウルに入れてラップを被せ、やわらかくなるまで電子レンジで加熱してマッシュする。

3　2が熱いうちに溶かしバター、卵、メープルシロップ、塩を加えてよく混ぜる。

4　耐熱皿に入れてマシュマロを上に散らし◯、温めたオーブンで20分ほど焼く。

Green Beans & Amandine
グリーンビーンズ & アーモンド

材料 （4〜5人分）
さやいんげん … 300g（ヘタを落とす。冷凍のものでもよい）
アーモンド … 50g（粗く砕く）
赤玉ねぎの薄切り … 1/2個分
にんにくの薄切り … 1片分
バター（無塩）… 25g
レモン汁、水 … 各大さじ1
塩、黒胡椒、ドライクランベリー … 各適量

1　フライパンにバターを入れて中火にかける。バターが溶けたらアーモンド、赤玉ねぎ、にんにくを炒める◯。

2　玉ねぎがしんなりしたらレモン汁と分量の水を加える。乳化するようによく混ぜ、塩と黒胡椒で味を調える。

3　さやいんげんを加えて1分ほど炒めたら火を止め、ドライクランベリーを加えて混ぜる。好みで耐熱皿に入れ、180℃に温めたオーブンで15分ほど焼いてこんがりさせてもおいしい。

Apple Pie
アップルパイ

材料 （直径19〜22cmのパイ皿・1台分）
冷凍パイシート … 2枚
A
　りんご … 700g
　（皮をむき、食べやすい大きさの5mm幅に切る）
　グラニュー糖 … 100g
　薄力粉 … 大さじ2
　ジンジャーパウダー … 小さじ2
　シナモンパウダー … 小さじ1
　ナツメグパウダー、クローブパウダー … 各小さじ1/2
　ビターズ（リキュール）… 2〜3滴
溶き卵 … 1個分
グラニュー糖 … 適量

1　オーブンを180℃に予熱する。

2　パイシート1枚をパイ皿より少し大きめに麺棒でのばす。
　パイ皿に油適量（分量外）を塗り、のばしたパイシート
　を敷き詰める。縁より少し大きめに余分な生地を切り落
　とし、指でつまんで縁を立たせる。

3　ボウルにAを入れて混ぜ、生地を敷き詰めたパイ皿に入
　れる。

4　上から同様に麺棒でのばした残りのパイシートで覆い、
　縁を指やフォークなどでしっかり閉じる。包丁の先で数
　か所空気穴をあける。被せるパイシートを編みたい場合
　は編む。

5　溶き卵をハケで塗り、グラニュー糖をふったら、温めた
　オーブンに入れて90分ほど焼く。焼き上がったらオー
　ブンから取り出し、しっかり冷ましてから切り分ける。

Pumpkin Pie
パンプキンパイ

材料 （直径19〜22cmのパイ皿・1台分）
冷凍パイシート … 1枚
パンプキンピュレ（缶詰）… 350g
卵 … 2個
コンデンスミルク … 200g
生クリーム … 40g
モラセス … 10g
シナモンパウダー … 小さじ1
ジンジャーパウダー、クローブパウダー … 各小さじ1/2
ナツメグパウダー … 小さじ1/4
塩 … ひとつまみ
ホイップクリーム
　生クリーム … 適量
　バーボンウイスキー … 少々

1　オーブンを180℃に予熱する。

2　パイシートはパイ皿より少し大きめに麺棒でのばす。パ
　イ皿に油適量（分量外）を塗り、パイシートを敷き詰め
　る。縁より少し大きめに余分な生地を切り落とし、指で
　つまんで縁を立たせる。

3　ボウルに残りの材料を入れてよく混ぜ、生地を敷き詰め
　たパイ皿に流し入れる。

4　温めたオーブンに入れ、40分ほど焼く。

5　焼き上がったらオーブンから取り出し、しっかり冷まし
　てから切り分ける。生クリームとバーボンウイスキーを
　合わせ、ゆるく泡立てたホイップクリームを添える。

アメリカのパイ作りで欠かせない調味料「モラセス」と「ビターズ」

アップルパイとパンプキンのパイで使うアメリカならではの調味料、モラセス（右）とビターズ（左）。モラセスは砂糖を製造するときにできる副産物で、どろっとした茶褐色の液体。甘みが少なく、クセのある黒糖のような味わいでコクと風味がある。ビターズはハーブやスパイス、香草、樹皮、精油など、さまざまな原材料を酒に漬け込んで造られたリキュール。風味はコーラの原液のような味わいで、料理の隠し味として使われ、ビスクやマヨネーズ、カクテルなどに数滴垂らして使う。

翌日のお楽しみ

食べきれなかったターキーの肉や骨は、サンドイッチやスープにして楽しむのがアメリカ家庭の恒例。
普段はローストチキンを使って作るもの。
寒い季節にぴったりな、このスープをぜひ、
サンクスギビング・デーの翌日に味わってみて。

Turkey Noodle Soup
ターキー・ヌードル・スープ

材料（作りやすい量）
スープ
| ターキーで残った骨 … 1羽分
| 香味野菜（セロリ、にんじんなど）の乱切り … 適量
セロリ … 1/2本（1cm角に切る）
にんじん … 1/3本（1cm角に切る）
玉ねぎ … 小1/2個（1cm角に切る）
好みのパスタ … 適量
ターキーの残り肉 … 適量
塩、黒胡椒、残ったグレイビーソース … 各適量

1 スープを取る。鍋に材料を入れ、被る程度の水（分量外）を加える。

2 中火にかけ、沸騰したらアクを取り、弱火で30分ほど煮る。

3 骨と香味野菜を取り出し、野菜類を加える。野菜に火が通ったら、細かく折ったパスタを加え、やわらかくなるまで煮る。

4 小さく切ったターキーの肉を加え、塩、黒胡椒、残ったグレイビーソースで味を調える。

（185）

Mexico

Esta rico

おいしい：エスタ リコ

メキシコの食といって思いつくのは、タコスやテキーラ。でも私たちが知らないおいしいものが詰まった、美食の国でもあります。

「メキシコは全体的に標高が高い国です。僕が生まれ育ったプエブラ州も2000m以上もあり、父は広大な畑でとうもろこしを育てていました。今は兄弟がその畑を守っています。メキシコの主食はとうもろこし、そして豆。とうもろこしは茹でて食べるほか、乾燥させて粉にして水と塩で捏ね、薄く円形にのばして焼いてトルティーヤにします。トルティーヤはメキシコではパンのような存在。豆もいろいろな種類があり、フリホーレス（豆のペースト）は各家庭で、必ずストックしています」とレネさん。

10人兄弟の末っ子で、幼い頃はよくお母さんの手伝いをしていたそう。家族の味を口伝で受け継ぐのもメキシコの文化。そんなレネさんの思い出の母の味は、バナナを揚げたプラタノス・カペアドス。"プラタノス"とは調理用の緑色の食用バナナのこと。それを卵白の衣につけて揚げたおやつで、今でもレネさんが恋しくなる味。

「メキシコのごはんは日本と違い、主食はもちろん、食べる時間帯も違います。早朝にパンやタマレ（とうもろこし粉の生地で肉や野菜を包んで蒸したもの）を軽食として食べ、11時頃に朝ごはんを食べます。日本では朝、昼、夜と規則正しく、しっかり食べますね。だから日本の朝ごはんは少し重く感じます（笑）」

"コミダ"と呼ばれる昼ごはんがメキシコでは一番メインの食事。肉や魚のメインをスープやトルティーヤなどと一緒にゆっくり食べます。お酒もこの時間帯から出てくるそう。

「もし誰かに昼ごはんを食べに来て！と誘われたら、午後2時過ぎに行くのがメキシコの常識。夜ごはんは日本の夜食に近く、午後8～10時に食べます。屋台で売っているタコスや、マヨネーズとチーズがかかった茹でとうもろこし、ラードや油で揚げた具だくさんのモロテ（トルティーヤに肉や海老などを挟んで丸ごと揚げたもの）が人気で、仕事帰りの人や子ども連れの家族で賑わいます」

今回レネさんが紹介してくれた、ポソレ（とうもろこしのスープ）は専門店があるほど人気のメキシコ料理だそうで、子どもから大人まで、そしてお酒を飲んだあとにも楽しまれる料理です。

「ちなみにテキーラは、メキシコのハリスコ州、グアダラハラ市近郊のテキーラ村で造られている原産地呼称のお酒。メキシコ北部のソトルや、南部のメスカルもおいしいですよ。実は本来、お酒というよりも、薬としての役割もあります。消化促進効果があり、普段お酒を飲まない女性が食後に薬として飲むことが多いです」

テキーラは薬膳酒としても飲まれていたのか！と、びっくり。とうもろこし、豆、そしてテキーラを愛するメキシコ。普段のごはんも興味津々でいただきます！

レネさん

Rene

メキシコシティから南に車で約2時間、プエブラ州出身のレネさん。約10年前に日本人の妻とともに日本に移住し、2022年7月、念願だったメキシコ料理店『MIL TACOS』をオープン。本場の味に忠実に、タコスとメキシコの郷土料理なども日替わりで提供している。ちなみに"MIL（ミル）"とはスペイン語で千という意味のほか、たくさんという意味もあるそうで、タコスをたくさんの人に提供したい思いから店名にした。
instagram:@miltacos_jp

左／レネさんの故郷であるプエブラ州の名物のセミータ。パンに薄いカツ、アボカド、メキシコ特産のオアハカチーズ（さけるチーズ）を挟んだハンバーガーのようなB級グルメ。右／エローテこと、メキシコの茹でとうもろこし。マヨネーズがたっぷり塗られ、粉チーズとチリパウダーがかかっている。下／かりんやグアバ、梨などがベースのカラフルなフルーツ羊羹。甘くてお茶菓子として親しまれている。パッケージがかわいい。

"ウエボス"とは卵で、"ランチェロス"とは牧場のこと。
メキシコを代表する朝ごはんで、
トルティーヤの上にフリホーレスや目玉焼き、
ピリ辛のチカッテージチーズ、コリアンダーをのせ、
アボカドを添えたボリュームも栄養も満点のひと皿。

Huevos Rancheros

ウエボス・ランチェロス
（牧場風目玉焼き）

材料（2人分）
卵 … 4個
チポトレソース（作りやすい分量）
  チポトレペッパー（缶詰）… 15g
  トマト … 300g
  玉ねぎ … 70g
  にんにく … 10g
  塩 … 7g
フリホーレス
  黒豆（水煮）… 1缶（400g）
  塩 … 2g
  玉ねぎのみじん切り … 20g
  油 … 3g
コーントルティーヤ … 4枚
アボカドの薄切り … 1個分
カッテージチーズ … 30g
コリアンダー（パクチー）のみじん切り … 適量

香ばしさと辛さがクセになる
「チポトレペッパー」

チポトレは熟した唐辛子を乾燥
させて燻製にしたもの。辛みだ
けでなくコクがあるのが特徴。
チポトレソース（ピリ辛トマト
ソース）を作るときに使う。マ
ヨネーズに加えても美味。

1　チポトレソースを作る。トマトはヘタを取り、6等分のくし形
　　切りにする。玉ねぎはひと口大に、にんにくは半分に切る。

2　油を入れずに強火で熱したフライパンに1を入れ、あまり触ら
　　ずに10分ほどしっかり焦げ目がつくまで焼きつける（触ると
　　トマトから水分が出て、焦げ目がつきにくい）ⓐ。

3　焼き目がついたら火を止める。チポトレペッパー、塩とともに
　　ミキサーに入れⓑ、なめらかになるまで撹拌するⓒ。

4　フリホーレスを作る。フライパンに油を入れ、中火で熱する。
　　玉ねぎを透明になるまで炒め、塩と黒豆を缶の汁ごと加えて混
　　ぜ、マッシャーでペースト状になるまで潰すⓓ。

5　別のフライパンに油適量（分量外）を入れて中火で熱し、コー
　　ントルティーヤを片面10秒ずつ焼く。

6　目玉焼きを作る。同じフライパンにやや多めの油（分量外）を
　　足して中火で熱し、十分に温まったら卵を割り入れて焼く。

7　皿に焼いたコーントルティーヤをのせ、その上に4のフリホー
　　レスを塗り広げる。好みの加減に焼いた目玉焼きをのせ、チポ
　　トレソースをかける。カッテージチーズとコリアンダーを散ら
　　し、アボカドを添える。

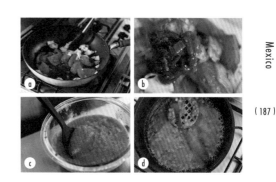

Mexico

（187）

メキシコのモーレ・ベルデは緑色のソースを使った料理のこと。
青唐辛子や緑のほおずきをベースにしたソースで
こんがりと焼きつけた肉や魚を煮込む料理。
ごはんやフリホーレス、揚げたトルティーヤを添えて食べる。
またピリ辛の料理が多いメキシコでは、食事のおともには
甘いハイビスカスティーや、すいかなどのフルーツジュースが人気。

Mole Verde

モーレ・ベルデ
（豚肉のグリーンソース）

材料（2人分）
豚肉（豚スペアリブと豚角切り肉〈カレー用〉を
　合わせて）… 500g
玉ねぎ … 50g
ズッキーニ … 1本
グリーンソース
　サルサ・ベルデ（缶詰）… 500g
　コリアンダー（パクチー）… 10g
　塩 … 3g
コーントルティーヤ … 4枚
フリホーレス（p.187参照）、カッテージチーズ … 各適量

1　グリーンソースを作る。ミキサーにすべての材料を入れⓐ、なめらかになるまで撹拌するⓑ。

2　油を入れずに強火で熱したフライパンに豚スペアリブを入れ、蓋をしてときどき返しながら、8分ほどじっくり火を通す。豚角切り肉を加え、同様に8分焼く。

3　1cm幅のくし形切りにした玉ねぎを加え、焦げ目がつくまで炒めるⓒ。

4　1のソースを加えて5分ほど煮るⓓ。

5　5mm厚さの斜め薄切りにしたズッキーニを加えⓔ、ズッキーニに火が通るまで煮る。

6　コーントルティーヤはフライパンに油適量（分量外）を入れる。中火で熱し、片面を10秒ずつ焼く。

7　皿に5を盛り、フリホーレス、カッテージチーズ、コリアンダー各適量（すべて分量外）を添え、6のコーントルティーヤと一緒に食べる。

緑のソース缶「サルサ・ベルデ」は
煮込みにもタコスソースにも重宝！

"サルサ"はソース、"ベルデ"は緑という意味。材料はトマティージョ（緑のトマト）と呼ばれる野菜。実際にはトマトではなく、緑色をした食用ほおずきの仲間。メキシコではポピュラーな食材だが、日本では入手が難しいので、缶詰を利用するのが便利。

子どもに「お誕生日パーティで何が食べたい？」と聞くと、必ず帰ってくる答えが「ポソレ！」。
鶏肉とポソレコーン（モテトウモロコシ）という種類のとうもろこしのスープで作る、
大勢集まる日に欠かせない料理で、飲んだあとの夜食にも人気。
スープを含んで大きく膨らんでやわらかく、もちもちの食感の
とうもろこしがクセになるおいしさ。メキシコでは乾燥ポソレコーンを
前日から煮て準備するが、すでに茹でられたポソレコーンの冷凍を
使ったレシピを紹介。メキシコならではのスパイス、タヒンと
ホットソースで好みの辛さに調整してから食べる。

Pozole
ポソレ（モテトウモロコシのスープ）

材料（4人分）
鶏むね肉 … 2枚（500g）
ポソレコーン（冷凍）… 500g
A
　水 … 2.5ℓ
　玉ねぎ … 100g
　にんにく … 15g
　ローリエ … 2枚
　塩 … 20g
オレガノパウダー … 2g
コーントルティーヤ … 4〜6枚
ラディッシュの薄切り、アボカドの薄切り、
レタスの細切り、タヒン、オレガノパウダー
　… 各適量
ホットソース、ライム … 各適宜

1　鍋に鶏肉とAを入れ、強火にかける。アクが出たら ⓐ、丁寧に取って中火にし、20分ほど茹でる。

2　1をザルで濾し、鶏肉をボウルに移し、茹で汁は鍋に戻し入れる ⓑ。

3　解凍して水気をきったポソレコーン ⓒ を鍋に加え、再度20分ほど煮る。

4　鶏肉の粗熱が取れたら皮は除いて細かくほぐし、3に加える ⓓ。ポソレコーンがやわらかくなったら、オレガノパウダーを加えて混ぜる。

5　コーントルティーヤは直火で香ばしく焼く。

6　器に4をよそい、ラディッシュ、アボカド、レタスをトッピングし ⓔ、焼いたコーントルティーヤを添える。タヒンとオレガノパウダーをふり、好みでホットソースやライムを搾って食べる。

ポソレコーンは、大粒の白いとうもろこしで、モテトウモロコシとも呼ばれる。甘みは少なく穀類のような味わい。揚げるとジャイアントコーンになる。日本では冷凍品が手に入る。ペルーでは"チョクロ"という。

独特な酸味があるスパイス、
「タヒン」は使い方がいっぱい

タヒンはチリペッパー、塩、ライムなどが入り、ちょっと辛くて酸っぱいメキシコの代表的なシーズニングソルト。トマトやパイナップル、マンゴー、肉料理、スープにひとふりすれば、メキシコの味になる魔法の調味料。

Peru

¡Qué rico!

おいしい：ケ リコ

「ペルーは移民の国。だからペルー料理にはさまざまな国の料理の影響を感じるかもしれません。先住民であるインカの人たちが食べていたものに、スペインやアフリカの人たちの料理、中国や日本からの移民の料理など、いろんな料理が混ざり合い、長い時間をかけて進化を遂げ、独自のペルー料理が生まれたのだと思います」とヒサイさん。

歴史的なバックグラウンドによるバリエーションの豊かさと、海の幸に中南米起源の野菜や穀物など、新鮮な食材が豊富なペルー料理には、近年世界からの注目が高まっています。

「味の特徴はやっぱりいろいろなアヒ（唐辛子）を使うところでしょうか。数百種あるといわれていますし、地域によっても使う種類が異なります。どの家庭でもだいたい3〜4種類は常備していて、料理によって使い分けています」

種類が多いといえば、じゃがいもの種類の多さもペルーならではで、こちらは数千種類あるそう。食感や味の違いだけでなく、黄色やオレンジ色、紫色など色もさまざま。ペルー料理の豊かな色彩にひと役買っています。

なによりペルー料理が豊かなのは、食材や歴史だけにあらず、人々の食への情熱あればこそ。それを表すのがいろいろな"食の日"です。たとえば5月30日はじゃがいもの日で、6月28日はセビーチェの日、7月第3日曜日はローストチキンの日……などなど、「毎月なにかしら食べ物の日があるんですよ」というくらい。

「そういう日は、お祭りのようにそれぞれの料理を食べるイベントが街中で開かれるんです。毎回人気のレストランが出店して、今年はどこが出ているかなとみんなで食べに行きます」

ちなみに、2月の第1土曜日はピスコサワーの日。ピスコサワーとは、ピスコという白ぶどうの果汁を原料とした蒸溜酒とライム、卵白、シロップをシェイクしたカクテル。ペルーを代表する飲み物です。

「甘くて飲みやすいですが、けっこう強いので、飲むときは気をつけて！」

このカクテルのほかにも、ペルーでは食事をしながら甘いドリンクを一緒に飲むことが多いそう。辛い料理に甘いドリンクの組み合わせが、ペルーらしいのかもしれません。

ヒサイさん

Hissai

ペルーの首都・リマ出身。子どもの頃から好きだった料理の勉強をすべく、リマの『Le Cordon Bleu』にてフレンチやペルー料理の技術、またホスピタリティーなどを学ぶ。その後国内外のさまざまなレストランでキャリアを積み、2010年の上海万博の際にはペルー館のレストランでもシェフとして活躍。2013年に来日し、ペルー料理店で働きながら、ニキズキッチンでレッスンを開講。現在、子育てのためレッスンはお休み中。

こちらがペルーの国民的ドリンク、ピスコサワー。爽やかな酸味と卵白によるマイルドな口当たりが特徴。

市場に並ぶじゃがいも各種。揚げたり茹でたり、ペルー料理にはさまざまな料理にじゃがいもが添えられる。

朝ごはんは軽めにパンとコーヒーなどで済ますペルー。
このキヌア・カレティジェラは
キヌア入りの温かい飲み物で、
市場や屋台に行けば必ずあるメニュー。
通勤途中の朝ごはんにも、またおやつにも人気。
1日の始まりに、フルーツとキヌアのパワー溢れる1杯。

Quinua Carretillera
キヌア・カレティジェラ
（キヌアのフルーツドリンク）

材料（作りやすい分量）
キヌア … 200g
パイナップル … 1/2個
りんご … 2個
もも（生か缶詰）… 1個
シナモンスティック … 2本
クローブ … 6粒
砂糖 … 大さじ5
コーンスターチ … 大さじ2
水 … 3ℓ

1 パイナップルとりんごは皮をむき、さいの目に切る。
　皮は使うので取り置く。ももは皮をむき、さいの目
　に切る。

2 鍋に砂糖を入れて弱火にかけ、焦げないように気を
　つけながらカラメルを作る。砂糖が溶けて色づいた
　ら、水、取り置いたパイナップルとりんごの皮、シ
　ナモンスティック、クローブ、さっと洗ったキヌア
　を鍋に加え、弱火で30分ほど煮る。

3 鍋からパイナップルとりんごの皮、シナモンスティ
　ックとクローブを取り出し⒜、さいの目に切った
　果物を加える。

4 コーンスターチを少量の水（分量外）で溶いて鍋に
　加え、とろみをつけたら火を止める。温かいうちに
　食べる⒝。

「キヌア」はペルーの食文化を支えるパワーフード

ヒエ科の雑穀、キヌア。煮たり、炊
いたりすると4〜5倍に膨らむ。ぷ
ちぷちとした食感が楽しいだけでな
く、鉄分や食物繊維、たんぱく質な
どが豊富に含まれている。キヌアは
ペルーで昔から食べられてきた伝統
的な食材。最近は健康志向で、ます
ます人気が高まっているそう。

Peru

(193)

ゆっくり過ごす週末の朝ごはんやブランチに人気のメニューが、
ペルーの国民的朝ごはん、パン・コン・チチャロン。
"チチャロン"とは皮付き豚肉の意味で、
茹でてから揚げた豚バラ肉と
さつまいものフライが挟まって、ボリュームたっぷり。
ペルーでは"パン・フランセス"と呼ばれる
ソフトな丸いフランスパンを使う。

Pan Con Chicharron
パン・コン・チチャロン
（豚バラのサンドイッチ）

材料 （5人分）
茹で豚
　｜　豚バラ肉（ブロック）… 800g
　｜　にんにく … 4片
　｜　ペパーミント（またはパセリ）… 1枝
　｜　塩 … 大さじ1
さつまいもの薄切り … 1本分
赤玉ねぎのせん切り … 1/2個分
アヒリモ（唐辛子）のみじん切り … 1/4本分
コリアンダー（パクチー）のみじん切り … 小さじ1
ペパーミントのみじん切り … 小さじ1
レモン汁 … 1/2個分
塩 … 少々
黒胡椒 … 少々
油 … 適量
フランスパン … 5個

1　茹で豚を作る。豚肉は4〜5つに切り分け、残りの材料
　　とともに鍋に入れ、水（分量外）をひたひたに加えて中
　　火で40分ほど煮る。ザルに上げて湯をきり、粗熱を取る。

2　別の鍋に油を入れ、中火にかけて180℃に温め、1を色
　　づくまで揚げる⒜。きつね色に揚がったら、7〜8mm
　　厚さに切る⒝。

3　2の鍋でさつまいもを揚げる⒞。

4　ボウルに赤玉ねぎ、アヒリモ、コリアンダー、ペパーミ
　　ント、レモン汁、塩、黒胡椒を加えて混ぜる⒟。

5　フランスパンを半分の厚さに切り、下のパンにさつまい
　　も、豚肉、4のサラダを順にのせ、上のパンで挟む。

３食のうち、昼ごはんを一番しっかり食べるというペルー。
前菜にはペルー料理を代表する一品、セビーチェ。
鯛やまぐろなど、新鮮な魚であればなんでもOK。
さつまいもやチョクロ（ペルーのとうもろこし）など、
甘みのある野菜を付け合わせて、
その絶妙な味のバランスを楽しむ。

Ceviche
セビーチェ（ペルーの魚介のマリネ）

材料（２人分）
好みの刺身 … 400g
にんにくのみじん切り … ５片分
アヒリモ（唐辛子）のみじん切り … ２本分
コリアンダー（パクチー）のみじん切り … 小さじ１
赤玉ねぎのみじん切り … １個分
塩 … 大さじ２
レモン汁 … ２〜３個分
レタス … ２枚
付け合わせ
 さつまいも … 適量
 チョクロ（冷凍）… 適量
 アニス … 少々
 砂糖 … 少々
 レモン … 1/2個

1 付け合わせを作る。チョクロ、アニス、砂糖、レモン、被る程度の水（分量外）を入れて中火にかけ、15分ほど茹でてザルに上げる(e)。さつまいもは茹でて皮をむき、７〜８mm厚さの輪切りにする(f)。

2 刺身は１cm角に切ってボウルに入れ、塩をふって混ぜる。にんにく、アヒリモ、コリアンダー、赤玉ねぎ、レモン汁を加えてよく混ぜる(g)。

3 皿にレタスを敷いて2を盛り、1を添える(h)。

ペルー料理の味の決め手は
色も形も味もさまざまな唐辛子！

数百種類以上といわれるペルーの唐辛子。セビーチェによく使うアヒリモ（左）は香りよく辛さも格別。また、料理を黄色く色づけるアヒアマリージョ（中）や、丸くて激辛のロコト（右）などがよく使われる。「日本でも、専門店でペースト状のものや冷凍のものが買えますので、ぜひペルーの唐辛子各種を使ってみてください」とヒサイさん。

Peru

昼ごはんのメインには、野菜と肉を煮込んだり、
炒めたりしたものをごはんと一緒に食べる。
"アヒ"は唐辛子、"ポヨ"は鶏肉を意味するこの料理は、
アヒアマリージョ（黄色い唐辛子）のペーストで
鶏肉を炒め、仕上げにエバミルクを加えたもの。
まろやかな味わいの中に辛さがあとを引いて、クセになる味。

Aji de Pollo
アヒ・デ・ポヨ（ペルーの白いカレー）

材料（3～4人分）
鶏むね肉 … 小2枚（400g）
香味野菜（セロリや長ねぎなど）… 適量
にんにくのみじん切り … 4片分
赤玉ねぎのみじん切り … 1/2個分
食パン（6枚切り）… 2～3枚
アヒアマリージョペースト（市販品）… 大さじ7
エバミルク … 200㎖
茹で卵 … 1個
オリーブ（黒）… 4個
パルミジャーノ・レッジャーノ … 適量
塩 … 少々
黒胡椒 … 少々
油 … 小さじ3
ごはん … 適量

1 鶏肉は香味野菜と塩適量（分量外）を入れた湯で火が通るまで茹でる。茹で汁はザルで濾して取り置く。鶏肉は手で細くさく。

2 鍋に油を入れて中火で熱し、にんにくと赤玉ねぎを15分ほど炒める。アヒアマリージョペーストを加えて5分ほど炒め、1の鶏肉も加えてさらに5分ほど炒める ⓐ。

3 フードプロセッサーに食パンと1の茹で汁200㎖を入れて撹拌し、なめらかなペースト状にする ⓑ。

4 2の鍋に3とエバミルクを加えてよく混ぜる ⓒ。水分が足りないようであれば、1の茹で汁を適宜足す ⓓ。

5 塩、黒胡椒で味を調え、皿にごはんと一緒に盛る。パルミジャーノ・レッジャーノを削りかけ、オリーブと4等分のくし切りにした茹で卵を添える。

料理の色付けに
「アヒアマリージョ」

種を取り除いたアヒアマリージョを少量の水で煮て、フードプロセッサーでペーストにしたもの。

中華料理の影響が感じられるロモ・サルタード。
"ロモ"は牛肉のやわらかい部位、
"サルタード"は炒めるという意味。
味付けにしょうゆとオイスターソースを使うのも中華風。
チョクロをトッピングしたごはんや
フライドポテトを添えて、人気のランチメニューに。

Lomo Saltado
ロモ・サルタード（ペルーの牛肉野菜炒め）

材料 （3〜4人分）
牛ヒレ肉（ブロック）… 500g
トマト … 2個
赤玉ねぎ … 2個
アヒアマリージョ（唐辛子）… 1本
小ねぎ … 3本
フライドポテト
  | じゃがいも … 300g
  | 油 … 適量
合わせ調味料
  | しょうゆ … 大さじ2
  | 酢 … 大さじ4
  | オイスターソース … 大さじ1
油 … 適量
塩 … 少々
黒胡椒 … 少々
ごはん … 適量
チョクロ … 適量
コリアンダー（パクチー）… 適量

ペルーで日系移民が創業したメーカーのしょうゆ。ペルーのしょうゆはやや塩気が強め。

1 フライドポテトを作る。じゃがいもは皮付きのまま茹でて小さめのひと口大に切り、180℃に温めた油で黄金色になるまで揚げる(e)。

2 トマトはヘタを取りざく切りにする。赤玉ねぎは薄切りにする。アヒアマリージョはヘタと種を取り縦に細切りにする。小ねぎはアヒアマリージョと同じ長さに切る。牛肉は2cmの角切りにする(f)。

3 フライパンに油を入れて中火で熱し、牛肉を炒めて取り出す。1人分ずつ炒めたほうがよい。

4 フライパンに油を足し、赤玉ねぎとアヒアマリージョを炒める。牛肉をフライパンに戻し入れ、合わせ調味料を加えて混ぜ、トマトと小ねぎを加えてさっと炒め合わせる(g)。

5 塩と黒胡椒で味を調える。砂糖とアニス（各分量外）入りの湯で茹でたチョクロをトッピングしたごはん、フライドポテトと一緒に盛り(h)、コリアンダーを散らす。

ペルーの夜ごはんは軽め。
昼の残りを食べたり、パンとスープで軽く済ませる人が多いそう。
また、家族や友人と散歩がてらに屋台に出かけることも。
ソパ・クリオージャは冬に屋台で人気のスープ。
牛肉、卵にパスタも入って栄養満点。香り高い唐辛子、アヒパンカに、にんにくも効いている。
「風邪をひいたときにもよく食べるスープですよ」とヒサイさん。

Sopa Criolla
ソパ・クリオージャ（卵とパスタのトマトスープ）

材料（2人分）
牛ヒレ肉（ブロック）… 300g
卵 … 2個
トマト … 1個
じゃがいも … 1個
赤玉ねぎのみじん切り … 1/2個分
にんにくのみじん切り … 3片分
カペリーニ … 200g
アヒパンカペースト（市販品）… 小さじ1
エバミルク … 100㎖
オレガノ（乾燥）… 大さじ1
クルトン … 100g
コリアンダー（パクチー）のざく切り … 適量
塩 … 適量
黒胡椒 … 適量
油 … 適量
水 … 400㎖

1 トマトは湯むきして粗みじん切りにする ⓐ。じゃがいもは茹でて皮をむき、1cm角に切る。牛肉は1cm程度の角切りにする。

2 鍋に油を入れて中火で熱し、赤玉ねぎとにんにくを炒める ⓑ。香りが立ったら、トマト、アヒパンカペースト、塩ひとつまみ、黒胡椒を加えて5分ほど炒める。

3 牛肉を加え ⓒ、さらに10分ほど炒める。

4 水とじゃがいもを加え、沸騰したらカペリーニを加えて蓋をする ⓓ。

5 カペリーニがやわらかくなったらエバミルクを加えて混ぜ、味を見て、塩で味を調える。卵を割り入れ、半熟になったら火を止める。

6 オレガノを手のひらで潰すようにしてふりかけ ⓔ、器によそい、クルトンとコリアンダーを添える。

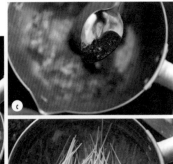

オレガノは蓋にのせて温め、香りを立たせるとよい。

風味付けには「アヒパンカペースト」

こちらは強いコクとほんのりスモーキーな香りが特徴の唐辛子、アヒパンカのペースト。肉料理や魚料理で味のベースに使うことが多い。

ニキズキッチン　Niki's Kitchen

発足は2000年。日本在住の外国人と日本人が、料理を通じて楽しく交流できる場を作り
たいという、熱い思いからスタートした「料理教室」。世界各国出身の先生の自宅を訪問
するスタイルで、日本にいながらショートホームステイできるユニークな場を提供してい
る。これまでに世界65か国以上、250人もの先生が在籍。お料理を学びに来た生徒数は延
べ25万人以上にも。現在、海外在住の先生によるオンライン料理教室、食材配送サービ
ス付きオンライン教室、イベント出店など、その活動は多岐に渡り、多くのファンを持つ。
https://www.nikikitchen.com/

写真　　　上坂有生
デザイン　三上祥子 (Vaa)
編集協力　川瀬佐千子
編集　　　小池洋子 (グラフィック社)

Special Thanks
中塚雅之、森泉麻美子、後藤紀子、小西千佳子、
武田よしこ、ハーディ直子、大岩幸代

みんな、何を食べてるの？

世界の朝ごはん、昼ごはん、夜ごはん

2023年8月25日　初版第1刷発行
2023年9月25日　初版第2刷発行

著者　　　ニキズキッチン
発行者　　西川正伸
発行所　　株式会社グラフィック社
　　　　　〒102-0073　東京都千代田区九段北 1 -14-17
　　　　　tel. 03-3263-4318（代表）　tel. 03-3263-4579（編集）
　　　　　郵便振替　00130-6-114345
　　　　　http://www.graphicsha.co.jp
印刷・製本　図書印刷株式会社